湛庐CHEERS

与最聪明的人共同进化

HERE COMES EVERYBODY

亚马逊成果达成法

Amazonのすごいマネジメント

[日]太田理加 小西美沙绪 著

段毅琳 译

浙江教育出版社·杭州

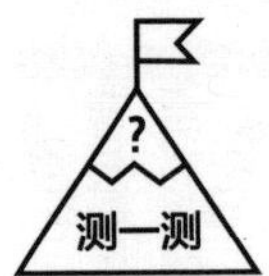

关于亚马逊打造高效团队，你知道多少？

扫码激活这本书
获取你的专属福利

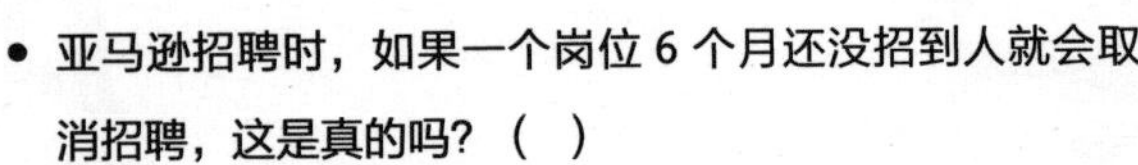

- 亚马逊招聘时，如果一个岗位 6 个月还没招到人就会取消招聘，这是真的吗？（ ）

  A. 真

  B. 假

- 亚马逊如何正确评价员工的业绩？（ ）

  A. 用 KPI 衡量业绩是否达标

  B. 与过程相比，要更重视结果

  C. 依据个人的劳动付出

  D. 根据团队的业绩成果

想知道亚马逊是如何打造高效团队的吗？扫码测一测立即获取答案及解析。

- 为了提高工作效率，更好地进行信息共享，亚马逊会：（ ）

  A. 定期举行一对一会议，共享信息

  B. 员工单方面经常汇报工作

  C. 领导单方面布置任务

  D. 不允许闲谈

扫描左侧二维码查看本书更多测试题

亚马逊的每个人都有领导力

亚马逊作为世界上最大的网上商店引起了全世界的关注，恐怕没有几个人不知道这个名字。虽然如今它已成为一家全球性的企业，但是在 1995 年 7 月成立时，它只是一家小型的网上书店。

2003 年，虽然亚马逊在日本的业务已经开展 3 年了，但亚马逊给日本人的印象依然是网上书店。因为当时亚马逊在美国和欧洲的业务，除了书籍、CD、DVD、游戏、玩具等，还有家电、家居、厨具等，但在日本只推出了书籍、CD、DVD、游戏等方面的业务。

我们正是在这个时候加入亚马逊的。

2002年，太田理加进入日本亚马逊工作，以“如何将日本亚马逊从网上书店发展成为综合商店”为使命，负责新业务的策划与执行，开启了很多业务。

此后，太田理加担任健康、美容、时尚等部门的负责人，她扩充产品种类、改善购物体验、引入库存战略和系统，提升了品牌知名度。

2003年，小西美沙绪以公关部门负责人的身份进入日本亚马逊，她制定公关战略，掌管企业宣传活动和新业务启动的宣传策划，制定品牌打造的长期规划。她着眼亚马逊的企业愿景、使命与社会价值，致力于将日本亚马逊打造成一个社会认可度高的品牌。

小西美沙绪最后担任的职位是运营总监，在企业品牌打造事业中，她站在客户的角度进行创新服务，努力让客户理解并接受亚马逊是“客户一起参与创建的企业”这一信念，为提高亚马逊的企业价值做出了贡献。

我们从日本亚马逊的发展初期就参与了业务启动和宣传工作，尽管有时也会面临严峻的局面，但最后都克服了困难。

2021 年 7 月，亚马逊已成立 26 周年。在发展历程中，亚马逊陆续开发了以交易平台、快递、亚马逊云服务为首的业务模式，完成了订阅模式的先驱亚马逊会员制以及书目齐全、使用方便的电子书阅读器 Kindle 的开发等业务，给客户带来了一次次全新的体验，满足了客户的多样化需求。

亚马逊最重要的两个想法

亚马逊的最大愿景是成为全球最重视客户的企业。

这个理念是基于杰夫・贝佐斯的一个重要想法：客户永远是正确的。简而言之，就是企业需要开展提高客户满意度的业务。事实上，亚马逊一直把客户放在第一位，努力实现商品销售规模的扩大以及价格的降低。

从“顾客至尚”的观点来看，亚马逊的企业愿景在世界范围内都可以作为一个行动典范，而且至今都在努力实践中，并正在日本得到理解与接受。

亚马逊的另一个重要想法是：亚马逊的每一个员工都应该发挥领导作用，也就是说，所有员工都是领导者。

这反映在亚马逊领导力准则的 16 条内容中，详细内容将在本书中叙述。这是亚马逊人成长的重要行动指南。可以说，没有领导力准则，就不可能有亚马逊今天的发展。

亚马逊最重要的两件事

刚才提到的以客户为中心以及领导力准则，都是亚马逊非常重要的想法。与此相关，我来介绍一下我们在亚马逊学到的最重要的两件事。

第一件事是组建队伍的重要性。在由各种各样的人才组成的团队中，每个团队成员都能够通过勇于担当，高效工作，并不断发挥自身的领导能力，来开启一个创新之旅。

但是，实际上确实有很多人为学习这一领导能力而烦恼。因此我们一直都在努力掌握这种管理烦恼情绪的领导技能，并由此提高员工的素质，从而让每个人都能在工作中运用自如。直到现在，我们都在为此目标而努力。

第二件重要的事是，管理层最大的使命就是提高团队成员的领导能力。通过最大限度地发挥每个团队成员的领导能力，可以形成一个每位成员都能为创新做出贡献的强大团队。因此，在亚马逊，不仅有“员工也是领导”的想法，而且为培养员工强大的领导能力建立了各种机制与规则。

本书以问答的形式介绍了我们所经历的有关亚马逊的最佳管理方法与案例。当然，因为这里面讲的都是亚马逊的方法论，或是发生在亚马逊的实例，所以可能存在个例现象。但是，大部分方法可以为任何一家企业所尝试运用。

本书面向管理者以及志在成为管理者的人群。希望您在运用本书所提及的哪怕一点小建议的时候，能对增强您的团队力量、帮助成员积极工作、产生好的业绩成果等有所帮助。

最后，祝您工作愉快，硕果累累。

AMAZON のすごいマネジメント

目录

AMAZON
のすごいマ
ネジメント

组建卓越团队的“设定目标”法则

管理是怎样一种工作？

全体员工都应重视的 16 条领导力准则

或许很多管理者会这样认为：“既然我是领导者，就必须由我来领导团队。”

但是，在亚马逊，领导者并不特指董事长、经理等管理人员，所有员工都是“领导者”，包括校招、社招与通过其他方式招聘的员工。基于“领导者是发挥领导力的人才”这一理念，亚马逊制定了全体员工都应重视的领导力准则。

长期以来，领导力准则由 14 条行动方针组成。不过，亚马逊创始人贝佐斯在 2021 年 7 月卸任 CEO 职务之前，又加了 2 条，形成了现在的 16 条领导力准则（参照附录 2）。

培养并充分利用员工的领导力

那么，所有员工都是“领导者”该怎么理解呢？举个例子，如果一位员工提出了真正对客户有利的想法，那么无论他的工作经历及职位如何，亚马逊都会让他成为实现这个想法的项目领导者。

因此，在亚马逊身居领导位置的人并非唯一的领导者。管理人员最主要的职责是培养能运用领导力准则的人才。另外，管理人员无论在出谋划策还是在推进项目时，都必须遵循 16 条领导力准则。换句话说，领导者的工作是将团队的实际业务与公司的发展目标统一起来，并为达成此目标而充分发挥团队成员的领导力。

管理是实现企业方针与理念的一种工作。

如何践行行动方针？

扎实地做好简单的事

学习过领导力相关知识的人很快就会发现，亚马逊的领导力准则并不复杂，仅是由一些简单的行动方针构成。

例如，“勤俭节约”方针或许是亚马逊特有的，但是“顾客至尚”“远见卓识”等方针，则被很多企业所提及，只是重视程度不同。

也就是说，亚马逊并非制定了什么特别的方针，仅仅是扎实地做着一些简单的事。只不过在亚马逊，认真践行这些简单的行动方针的人，也能成为一名优秀的领导者。领导力准则更注重“用起来”，而非“记下来”。

有时，上级想通过以身作则地履行行动方针来影响下属，但下属仍不知道具体该怎样做。更糟的是，甚至有人错误地认为，只要把行动方针、企业理念等记下来并在重要的场合背出来就可以了。

现实中，我们的客户经常会问："亚马逊的领导力准则一定要全部记下来吗？"其实并非如此。行动方针能不能"记下来"不重要，"用起来"才重要。

我认为每个企业都有自己的理念，制定了内部行动方针的企业也不少。然而，遗憾的是，在业务上能坚持践行自身理念的企业并不多。可是，如果不能将企业理念和方针付诸实践，就是纸上谈兵。在这点上，亚马逊的员工可以说一天不落地践行着领导力准则，因此可以说他们真正掌握了领导力准则。

将目标与方针结合起来

要将行动方针用起来应该怎么做呢？诀窍就是，在目标设定阶段就融入行动方针，让大家对照行动方针，逐一思考接下来的业务在哪些方面可以与行动方针相结合。

比如，亚马逊在启动新业务的时候，会让员工写下融入“远见卓识”和“创新简化”行动方针的业务目标。这样一来，员工就会在工作中形成一种自查意识：“这是不是遵循了‘远见卓识’和‘创新简化’的行动方针呢？”而且，上级也可以根据行动方针给员工一些建议，比如，“‘远见卓识’和‘创新简化’这两个行动方针体现得不充分，尝试摆脱所有束缚再考虑一下，并反向思考实现它的方法吧。”在这种企业氛围里，员工也会自发地去践行这两个行动方针。

设定目标时加入行动方针。

如何正确地评价员工?

以业务目标评价业绩

每家企业都有这样的员工：他们工作确实很努力，但是他们的付出和业绩不成正比，这让人很难对其进行评价。在这种情况下，不能只看他们的业绩表现，也要看他们平时的工作表现。

亚马逊每年会进行两次大规模的人事评价，会通过两个指标来评价员工的工作表现，其中一个是业务目标。业务目标一般用关键指标（Key Performance Indicator，KPI）来表示，亚马逊称其为标准值。

业务上应完成的目标不能像“团队要完成 1 亿日元的销售目标”那样，是个人无法完成的。如果整个团队以 1

亿日元销售额为目标的话，就要用具体的数字来量化每个团队成员应该达成的销售额、日工作量和个人工作量。

员工可以通过与上级商量来设定业务目标，每周向上级汇报工作进展情况，每半年开展一次自我评价。根据员工的自我评价，上级就员工是否完成业务目标做出最终评价。

与结果相比，更重视过程

即使团队最终没有完成 1 亿日元的销售业绩，团队成员得到的评价未必就很低。领导力准则中也有“达成业绩”行动方针。根据这个方针，销售额自然成为评价员工的一个基准条件。但是，销售业绩容易受市场环境等影响。像销售额、利润、客户数量等易受到外部因素影响的目标被称为输出目标。

与此相对，像“跑多少单业务”的目标则被称为输入目标。亚马逊规定，如果员工完成了输入目标，即使没能达成输出目标，也一样可以得到不错的评价。如果对某个员工为完成任务而付出的努力视而不见，仅仅根据由偶然因素造成的不理想业绩就给予他不好的评价，这个员工的工作积极性会大受打击。

反过来说，也有这样的情况：个人不努力，也可能因为好的市场环境而获得高销售额。如果是这样，即使完成了输出目标，但没有完成输入目标，也不可能得到很高的评价。这一点可以说是亚马逊评价员工的一大特征。总之，亚马逊认为，比起业绩，更应该重视员工的实际表现。

对那些付出努力却没什么成果的员工，不要仅凭最终业绩进行评价，也要参考他们的劳动付出。

以行动目标评价领导力

亚马逊人事评价的另一个指标是行动目标。行动目标是员工依据领导力准则，就自己今后应该朝什么方向发展这一问题与上级协商而定的。通过评价行动目标的完成度，或许可以衡量该员工的领导力。

不过，为了全方位评价员工的行动目标，除了上级的评价，还要加入同事、下属和员工的自我评价。所以，完成怎样的行动目标才能升职，不能一概而论。

但是在亚马逊，如果员工被高度评价为发挥了领导力，就会和那些设定并完成了较高业务目标的人获得同样的晋升机会。

非常重视人事评价

在实际的评价过程中，员工 A 首先要对自己已完成与未完成的业务目标与行动目标情况进行评价，然后再听取多名同事对其的评价。如果员工 A 的同事评价有所偏颇，或者评价人数较少，为了得到更客观的他评，员工 A 的上级就需要委托更多的同事来对 A 评价。因为是全方位评价，自然也需要下属的参与。员工 A 的下属对其的评价应是自主的。最后，员工 A 的上级要综合所有的自评与他评，客观地做出对员工 A 的最终评价。之后，召开评价校准会议，比较该员工与同部门其他员工的工作表现，来讨论对员工 A 的评价是严苛了还是宽松了。

如果对员工 A 的评价有问题，那就对员工 A 的同事和下属的他评内容再做分析，然后渐渐扩大比较对象的范围，直至将其与美国总公司的数十名员工进行比较，并做出最终判断。这种“兴师动众”进行人事评价的做法，可以说是亚马逊所独有的。

通过这个评价校准系统，上级能更好地理解领导力准则，也能在此基础上对员工进行客观评价，并衡量该投入多大的精力培养员工。如果上级敷衍地评价员工，那么员工对上级的评价也会敷衍了事。反之亦然。“评价”虽说是上级凭感觉为之，却非常重要。

领导者的行动目标评价指标应更高

一般员工的业务目标和行动目标的评价比例大致相同，有时业务目标更受重视一些。对领导者而言，行动目标的评价比重会更高。到了总裁或副总裁的级别，多以 2:8 的比例来评价其业务目标和行动目标。通常来说，职位更高的人，行动目标，即领导力更为重要。

以上是亚马逊的人事评价制度。实际上，日本的企业非常重视让员工思考自身的优势，而且把发挥员工的优势作为行动目标，以此来决定企业的行动目标。在这个过程中，为了让员工知道自己的优势，上级要给予适当的帮助。

另外，要重点把握员工是否真正完成了目标，即使尚未完成，也要看他是否在一点点接近目标。然后，根据其目标完成度进行评价。

评价员工要依据个人的劳动付出，而非团队的业绩。发挥员工的长处，根据行动目标的完成度进行评价。

给员工什么工作建议?

要重视行动

比起输出目标，员工要更重视输入目标。处在更高职位的员工更应重视行动目标的完成度。亚马逊对员工的行动评价就是如此。这是因为积极而具体的行动，可以证明该员工在实践领导力准则，即发挥了领导力。另外，为了高标准完成业务目标，也需要发挥自身的领导力。

虽然每个人的性格很难改变，但是领导者可以有意识地改变自己的行动方式，从而改变行动结果。因此，应该时刻重视行动。

让员工知道公司重视什么

团队成员要经常思考自己该如何行动，以及自己的行动会对他人和整个团队产生怎样的影响。这是任何一家企业在实际业务中都应向员工提出的一条建议。而且，在进行招聘面试的时候企业也要重视应聘者的行动意识，也就是领导力准则。从面试到录用，我们都要看这个人的领导素质，也就是这个人能发挥多大的领导力来提高团队水平。

入职后，员工要花时间学习领导力准则的重要性，切身体会亚马逊对领导力的重视。这样一来，员工在学习结束的时候自然会了解领导力。

要经常自省个人的行动所带来的影响。

践行行动方针，首先需要做什么？

将行动方针变为企业“语言”

即使许多企业制定了全体员工必须遵守的行动方针，但是如果无人遵守，行动方针就失去了意义。行动方针或者企业理念之所以沦为与员工毫无关系的摆设，可能是因为在平时的业务中，企业的管理者从未将这些方针和理念付诸实践。

在亚马逊，领导力准则就是企业“语言”一样的存在，因为亚马逊没有一天不在实践它，比如领导力准则中的“远见卓识”行动方针。会议中，下属和上级交流时经常会被问到：“这个用‘远见卓识’行动方针来考虑的话会怎样？”平时没有履行过这个方针的人很难马上回答出这个问题。所以，领导者平时就要这样践行领导力准则。

在亚马逊，为什么职位越高，行动目标评价就越受重视呢？这是因为如果领导者想让员工实践领导力准则，必须自己先实践。领导力准则不是只针对员工的。任何一家企业想让员工按照行动方针和企业理念来工作的话，就必须让职位高的人先以身作则地去践行。

在亚马逊，领导者为了实现员工成长和团队壮大，就必须充分发挥自身的领导力来达成行动目标。因为行动目标是否达成关系到员工的切身利益，比如升职加薪等，所以在领导力准则的激励下，员工也不觉得达成行动目标是一种负担。这就是为什么亚马逊有很强大的领导力培养机制。

上级首先要以身作则践行行动方针。

团队方向逐渐偏离怎么办？

在项目开始前制定“原则”

在亚马逊，领导力准则不是只针对员工个人，团队在新项目启动伊始也要确定行动方针。亚马逊把团队确立的行动方针称为“原则”（TENETS），相当于日语里的“信条”或“主义”，简单来说就是回到问题的本源。不要局限于眼前利益就是“原则”。

为什么要确立“原则”呢？因为一个团队如果没有可依据的行动方针，在项目推进过程中，就会逐渐偏离目标方向。比如，当项目在讨论过程中只关注短期利益时，不要局限于眼前利益的“原则”会让我们及时校正方向，不会在错误的方向上一直走下去。

在会议资料的最开始写明“原则”

确定了“原则”后，就能明确一点：基于眼下项目的“原则”，每个员工各自需要提高的技能。

在亚马逊，“原则”行动方针之所以能够渗透到团队内部是有原因的。例如，在会议资料的最开始写明“原则”，让所有人对行动方针了然于胸。当项目讨论偏离目标方向时，就会有人马上指出：“这个有违‘原则’行动方针，需要进行调整。”

制定整个团队应该遵守的行动方针。

Q 如何制定全员遵守的行动方针？

制定“原则”，管理者不能“一言堂”

上级好不容易确定了可推进项目的方针，但有时下属却不遵守。这时该怎么办呢？

在亚马逊，“原则”不是由管理者一个人制定的，而是由全体员工共同协商制定的。因此，所有人都必须遵守或者承诺愿意遵守。

让我们印象深刻的“原则”之一——站在客户的角度与客户交流，是领导力准则中“顾客至尚”行动方针的体现。这种观点与公司良好的经营情况密切相关。这是因为客户才是主角，而公司不是，只有从客户的角度考虑问题、提出意见，才能提高客户的满意度。

用“原则”传达客户心声

太田主要负责采购业务。工作中，她经常坚持的“原则”是供货商既是合作伙伴，也像客户一样重要。这是因为亚马逊在发展过程中意识到，仅仅把供货商视作生意往来对象是不行的，因此制定了这个“原则”。

有时也有类似“亚马逊的做法是片面的”声音。亚马逊对此没有放任不管，而是正视它，制定并执行解决该问题行之有效的“原则”。上述“原则”就是这样产生的。

只有落实到书面上，生产效率才能提高

亚马逊的特点之一是重视书面文化，有一些其他企业所没有的特殊做法。比如，把汇报内容整理成 1 页纸或 6 页纸、禁止使用 PowerPoint 等。此外，亚马逊还坚持“落实到书面上是最公平的”这一信念。因为，把一切都落实到书面上，不仅能避免员工对信息的理解产生差异，也能提高工作效率。

“原则”要能推动实践

“原则”是书面化最典型的例子。制定“原则”有助于提高工作效率。如果没有确定“原则”就开始讨论，在面对各种提议时，就容易陷入混乱。而一开始就制定好“原则”的话，讨论中遇到意见相左的情况时，就能以这有悖于“原则”来结束争论。因此，对任何一家企业来说，建立团队内部的行动方针能提高工作效率。

但是，偶尔也会有人不遵守大家共同制定的“原则”。这就说明，该“原则”其实不是所有人都认可的。不被全员守护的“原则”，就得不到所有人的信奉，早晚会被违背。由此可以预见此项业务将来也不会有好的发展。这时就有必要考虑修改“原则”了。

团队的“原则”由全体员工共同协商制定。

员工如何确立目标?

亚马逊的目标设立法

目标不是上级指定的，而是员工自己设定的。那么，应该怎样设立目标呢?

亚马逊的员工经常会将“如何为自己的客户做贡献”放进工作目标中。这是因为，亚马逊的目标是成为全球最重视客户的企业。企业管理者也会按照领导力准则中的“顾客至尚”方针要求，以客户为考虑问题、采取行动的出发点，并尽全力赢得客户的信任与一如既往的支持。

牢记自己的客户是谁

对销售部、市场营销部等直接影响企业营业额的部门来说，工作目标应该是为消费者做好服务。这是因为消费者是他们的客户。业务部门的这一做法，对人事部和行政部等间接影响企业营业额的部门来说，可能就不合适了。

但是，即使是不直接面对客户的部门，也要考虑如何为自己的客户做贡献。比如，公关部门会与客户进行间接沟通，但要使这种间接沟通达到效果，就要与各事业部的负责人进行充分沟通，此时，各事业部的负责人就相当于是公关部门的客户。

也就是说，公关部门的目标是形成能够助推员工为客户持续提供完善服务的公关策略或沟通方案。

“智慧”目标设定法

员工为确立工作目标而烦恼时，上级要积极地给予相应的帮助。为此，亚马逊尝试让员工按照“智慧”（SMART）原则来设定目标。所谓“智慧”方法就是具体性（Specific）、可量化性（Measurable）、可完成性

（Attainable）、相关性（Relevant）、期限性 (Time-bound) 等 5 个方法的组合简称。

“具体性”方法要求把设定的目标尽可能具体化。目标越具体，就越清楚为实现目标需要做什么。要实现目标具体化，就需要牢记“5W1H”（何时、何地、何人、何事、何因、方法）要素。

“可量化性”方法要求用数字呈现目标，这是为了让自己或上级马上就掌握目标的达成度。

“完成性”方法要求设定的目标能够实现。设立不现实的目标是没意义的。

“相关性”方法要求员工设立的工作目标符合所在部门或企业的目标要求。若有背离，那就从根本上失去了实现目标的意义。

“期限性”方法要求设定达成目标期限。当员工知道任务期限还剩一个月的时候，就会更有斗志地投入工作。相反，如果没有定下完成期限的话，就容易拖延。

根据上述 5 个方法来设定目标的做法便是“智慧”。有了目标后，上级和员工在讨论时，就能给出“这个目标还可以”“这个目标的可量化性方面还需改进”等清晰的评价，并据此改进工作目标。

从客户的角度考虑问题，根据“智慧”原则设定目标。

怎样设立目标能够发挥团队每位成员的作用？

先决定“S 团队”目标

上一节讲述了“智慧”目标设立法。此外，还有一种用来协调企业目标与个人目标的方法，就是亚马逊的“S 团队”目标。

由贝佐斯直接领导的“S 团队”认为，在兴起于日本的各种工作目标中，“S 团队”的工作目标是尤其应予以重视的。小西所在的公关部门就是在设立“S 团队”目标的基础上，根据业务部门确定的业务内容优先级，最终制定本部门的工作目标和策略。

协调企业目标与个人目标

公关部门设定目标的大致流程是先设立“S 团队”目标，弄清业务部门规定的具有优先级的业务内容，据此考虑安排工作目标与具体业务相协调的支持条件。在这种情况下，企业的愿景和发展规划尤为重要。团队目标和行动战略定好后，就要制定一些有助于最大限度地发挥战略效果的规则。

在此行动构想下，让各部门员工设立符合企业目标方向的个人目标。各部门的员工与负责人一起，将预想的目标与做法分享给其他部门的员工，在交流中反复斟酌每一条内容的合理性。

设立适应企业目标的个人目标。

员工设定的目标偏离了企业目标怎么办？

仔细调查业务的成熟度

原则上，员工在设立目标时应始终着眼企业的利益，尽可能契合企业目标，但并不是说个人目标一定要完全对应企业目标。

在亚马逊这样涉及书籍、数码产品、服饰、家电等多项业务领域的企业里，如果个人所负责的业务成立不久的话，通过努力，效益或许会有很大提升。

即使企业制定了明年销售额提高 10% 的整体目标，员工未必也要以提高 10% 为目标。肯定有人想取得更多的业绩成果并得到更好的评价，如果员工对自己的业务发展前景有所追求，当然可以设定比这更高的目标。

不设定统一的量化目标

在亚马逊庞杂的业务领域中，书籍作为公司创立之初就有的一项业务，发展至今已日臻成熟，因而增长潜力有限。因此，应该将这项业务目标设定为更加实际的5%，甚至稍高一些到8%，这样或许更加合适。

当然，设定目标不能抱着差不多就行的态度，应该在可完成的能力范围内追求更高。所以，决不能有轻视企业目标的想法。同时，要让员工根据自身业务的具体情况，来决定是否设立与企业目标一样的量化目标。

把上级的目标展示给员工

如果运用了以上设立目标的方法后，员工仍然为设定目标而烦恼，建议上级将自己设立的目标展示给所有员工看。当然，培养谁作为自己的继任者这样的内容要事先删除。

除此之外，有关业务目标的内容要原封不动地展示出来。这样一来，下属就可以根据自己在该目标中的角色与责任来设定自己的目标。

另外，每个人自己的目标也可以展示给同事看。亚马逊曾有过这样的做法：各部门负责人之间分享各自的目标，然后一起讨论某部门的目标是否合适或遗漏了什么内容，或互相提出一些建议，比如“如果他有这样的目标，你也加上吧”等。

将“提拔谁”作为所有负责人的工作目标

部门负责人之间也要分享“打算提拔谁”“对谁抱有培养期望”等目标内容。这样做的好处是：看到这些目标，其他部门负责人也会积极地扶持自己想提拔的员工。例如，部门负责人为了了解某个员工，可以专门给他出一些难题，甚至为了让他承担新的挑战，使他获得更快的成长，也可以推荐他参与其他部门的某个项目。

这样一来，“提拔谁”不仅是一个部门负责人的目标，也是所有部门负责人的目标。当然，最终的决定是和高层一起来做出的。但至少这样做的话，可以让周围的人在那个员工升职后不会有“为什么是那个人”这样的疑问。

根据业务的发展现状设定目标，并共享自己的目标，让别人参考。

员工设立了不太现实的目标怎么办?

亚马逊常有疯狂的目标

有些员工在设立目标时，会定出非常惊人的数值。这难免让人认为不可能实现，甚至使人觉得该员工不切实际，进而给他本人招致一些负面评价。

但是，说实话，这种乍看之下不可能完成的量化目标，在亚马逊也有很多。领导力准则提倡设立高目标，因此员工平时就会这么做。

思考达成目标需要做什么

即使员工提出了不现实的目标，亚马逊也不会说“这个目标不可能完成，再重新设立一下”，而是让员工考虑为实现这一目标需要做什么。这时员工的回答基本是“人员”。比如要完成这个目标，目前人手不够，需要增加人员。但是，没有哪个企业会有多余的优秀人才。如果在其他企业提出同样的要求，只会得到回复：“靠现有的人员来完成。”

其实，亚马逊也不是没有这样的情况。如果真出现这种情况，亚马逊会让他好好考虑该业务中有没有可以实现自动化的部分，有没有不必要的环节，有没有可外包的部门等。

在这个过程中，也必须遵从“远见卓识”的方针，否则可能会让他干脆重新开始新的业务。因此，先尽可能地让员工尝试能想到的所有解决方案，如果仍然无法解决，就需要让他重新启动一个其他项目。

远大的目标催生创新

亚马逊的服装业务曾出现过设立高销售目标的典型案例。一般情况下，企业的销售目标是根据市场和竞争对手的销售情况来定的。但是亚马逊的考量视野更大，是根据服装业务在电子商务市场中的占比来决定销售目标的。日本服装业务“目前在电子商务市场的占比是 10%，但会慢慢提高到与美国一样的市场占比（13%）”。如果意识到这一点，员工就知道该设立怎样的目标了。

远大的目标设定之后，为了实现它，就需要大家全力践行“创新简化”和“远见卓识”的行动方针。

目标设立中藏着成功秘诀

为了让线上购物的客户也能像在线下购物一样试穿衣服，亚马逊推出了退货免运费服务。如此一来，客户就可以在家里试穿从亚马逊购买的衣服了。不过，这需要客户先通过信用卡支付预付款后才能在家试穿，如果不合适，退货后再退款。对客户来说，如果付款和退款之间产生了跨月份的时间差，会带来一些其他的麻烦。

能不能像在店里一样，购买前就能试穿呢？这时，“会员衣橱”服务功能就很好地体现了“顾客至尚”的行动方针。这是一种新的服务形式。客户无需先购买，商家就会免费送货上门。客户在家试穿后如果喜欢就买单，如果不喜欢，可免费退回商品。亚马逊会员不需要提前预付款，一次最多可以试穿 8 件衣服。

这样看来，即使设立的目标是远大的，也能通过发挥领导力，提供让客户满意的新颖服务，实现既定目标。

在亚马逊，目标设定得越高，就越有机会找到新的解决方法，助力目标的实现，可谓“远大的目标催生创新”。这也是亚马逊取得巨大成功的原因之一。

即使是看似过高的目标，也应该考虑一下实现它的条件。

员工总是设定毫无挑战性的量化目标怎么办？

很多时候，员工会设立一些毫无挑战性的量化目标。这时，管理者要想办法提高这个目标。但是，随便“扔”给员工一个毫无道理的量化目标，就是职场霸凌了。因此，管理者需要和员工一起讨论如何完成“毫无道理的量化目标”。这个量化值说到底是实现团队目标的一个环节。

上文曾提到，有些员工会设定一个乍一看不可能完成的量化目标，要达成这个目标经常会出现时间不够的问题。“时间不够”就是目标达成的阻碍因素。遇到这种情况，要是因为时间不够就降低量化目标，那之前的努力就白费了。为了避免这种事情的发生，就必须找到排除阻碍因素的方法。

假如员工在综合考虑当前状况之后，决定从企业外招聘新人，并请求道："我想请这样的人来工作。要是由他来负责这项业务，顺利的话会提高目标值。"像这样，当员工设定了较高的量化目标后，为了实现这个目标，他会努力想出一个新办法。当然有时一些想法欠妥，但有时也会带来创新。

为此，在上级的指导下，设立一个乍一看似乎很荒唐的目标是很重要的。另外，在制定相关问题解决方案的阶段，上级的大力支持也是必不可少的。

让员工设立一个特别高的量化目标并想办法完成它。

如何确定非业务部门的量化目标？

业务部门的很多工作内容都跟数据有关，因此管理目标容易制定。但是，行政和人事等非业务部门的工作似乎很难与量化目标挂上钩。

不过，从实际情况来看，非业务部门也是可以设立量化目标的。亚马逊要求所有的业务部门和非业务部门都要设立一个量化目标。比如，在消费税提高的时候，非业务部门在如何更加有效地改善结算状况方面，就积极设立了具体的量化目标。

那么，该如何设定量化目标呢？首先要确定在平时的业务中想要提高的目标值。

以数据处理部门为例，直到目前，亚马逊的服装业务从进货到商品图像上传到网页，要用 1 周时间。如果将这个过程定为 3 天，就是一个很好的量化目标。

设定了目标值，接下来就要考虑如何实现它。如果 3 天内要把图像上传到网页的话，必须做什么呢？是要和供货商的负责人提前商定送货时间，还是改进商品交付系统？例如，同一款商品如果有不同颜色的话，不必把每种颜色的商品都完整地拍一次，只要整体拍摄一种颜色，然后拍摄其他颜色的局部再放大展示到网站上就可以了。这样做的话，或许能够在 3 天内完成商品图像上传的工作。

发现身边常见的数字，并将其设定为目标值。

如何通过 PDCA 得出成果?

PDCA 的基本思考方法

经常有人说，业务管理中 PDCA 非常重要。所谓 PDCA 是指持续改善业务的循环式做法，是 Plan（计划）、Do（执行）、Check（检查）、Action（改善）的缩写。

具体来说，“计划”阶段首先找出想要解决的问题，想出解决方案，并制订实施计划；“执行”阶段按照计划具体操作；“检查”阶段评估和分析计划是否得到顺利推进、完成情况是否符合预期；“改善”阶段对完成结果加以改善。如此反复执行 PDCA 做法，业务将不断完善。

计划不必非常严密

亚马逊也在运用PDCA，而且在实际应用中也有诀窍。计划应随着相应业务规模的变化而变化，所以不需要花太多时间去制订计划。因为无论计划得多么周全，在实际执行中几乎不会完全照搬，那么花很多时间制订计划就成了一种浪费。

尤其需要重视的是，要全面检查制订计划的依据是什么。比如，客户之所以找不到需要的商品，是不是因为不知道网页更新了商品类目呢？若是，最好每周重新介绍一下新的商品类目。这样客户就能通过新的商品类目来购买商品了。制订这样一个计划的依据是客户不知道新出的商品类目。

如果按照这个设想执行得比较顺利，那当然好。如果不顺利的话，就应该重新考虑设想。

也就是说，客户没买到相应的商品，或许不是因为“不知道商品类目已更新”，而是因为“商品备货不足”“价格高”等其他原因。

只要下功夫做好设想，再按照计划执行下去，不管顺利与否，都会在执行的过程中知道原因。有时，我们不能确保计划里的每一部分都符合设想。这个时候，可以先试着进入“执行”阶段，在之后的“检查”阶段再好好进行评价和分析。

在亚马逊经常可以听到一句话：“任务要诚实，战术要灵活。”因此，“计划”“执行”“改善”等环节都要重视灵活性，高效率工作。比如，即使“计划”的可行性只有七成，而不确定性占三成，那也不必犹豫，只管执行下去。当然，这就需要在“改善”阶段花费很多时间来完善结果。但整体来看，通过反复执行 PDCA，很快就能达到持续改进的效果，这也是 PDCA 的特征。

“计划”“执行”“改善”环节要快，“检查”环节要慢。

AMAZON のすごいマネジメント

第 2 章

让团队快速成长的“人才培养”法则

如何成为员工眼中的好领导?

向自己敬仰的领导学习

好领导是什么样的呢?虽然不能一概而论,但有一点大家是有共识的,那就是只有在尊敬自己的领导身上,才能学到领导应有的样子。

小西在亚马逊工作的 13 年里,曾与几位领导共事过。她认为其中一位领导特别好。那位领导在负责亚马逊全球公共部门期间,充分发挥自身的优势,加强企业内部各个部门间的横向联系,积极地为员工创造相互学习的机会。

有一次,亚马逊召开由各国分公司公关部负责人参加的公关峰会。会上,大家将各自的宣传战略、目标、挑战和成功事例等内容总结成 6 页纸的报告,分享工作心得,并展开热烈的讨论等。借此契机，小西学习了一些尚未在日本发生、但是未来有可能发生的问题的解决方法，并获得一些之前没接触过的资源等。那位领导自身具有培养团队的强烈意愿，而举办峰会也确实是亚马逊培养员工的一种方式。

虽然那位领导不只负责日本的公关部门，但他曾对小西说过诸如“我会帮助日本团队”“总部会给予支持”等鼓励的话，并在必要时亲自来日本给予小西指导。通过如此难得的经历，小西认为亚马逊的领导充分发挥了领导力作用。

听员工说完话

太田说，在跟随亚马逊日本公司的董事长工作期间，最想向他学习的是“从头到尾听下属讲完话”的态度。他不会在别人说着话的时候插嘴说“不”“不是的”等，无论多么琐碎的话，他都会听到最后。如果员工觉得用日语更容易表达，他也会积极地用日语交流。尽管他的日语非常好，但有时也不能完全理解员工说的日语是什么意思。即使这样，他依然会认真地倾听并试图理解员工想要表达的意思。

认真听员工讲完后，他会问很多问题，一个接一个，直到问明白为止。最后他一定会说：“原来是这个意思。我明白了。那么你想怎么做呢?”从这样的交流态度中，可以看出他非常重视员工的领导能力。

或许有人觉得，作为企业的高层领导，他们非常了解员工及业务的开展情况，所以听取员工汇报和阅读资料就比较快。其实未必。亚马逊的员工经常说，贝佐斯是企业里读资料最慢的。因为他要花时间深入理解，并深思还有怎样的问题。从这个意义上或许可以说，“越是了解详情的人，越要花时间读资料。”

心系工作的同时关心分外之事

太田的上级还有一个厉害之处，那就是不仅牢记职责所在，而且要顾及整个企业之事。其实，这位领导主管电商版块的零售部门和客户服务部门，而 Kindle 和 Prime Video 等数字化部门不在其责任范围内。

尽管如此，他仍会认真地听取有关数字化业务的工作话题。即使知道这项业务会在短期内冲击自己所负责的零售业务，但考虑到客户的利益和整个企业的发展，他仍然主张推出 Kindle 业务。也就是说，即使面对与自己所负责的业务存在利益相关的问题，他也能从企业整体利益出发，客观地思考应该怎么做。

向自己敬仰的领导学习“好领导该有的样子”。

如何应对员工的对抗表现？

通过交流发现自身问题

有的下属会与上级对抗，不听上级的安排。这是因为他有不满情绪，或者他的诉求未被倾听。在这种情况下，管理者怎样做才能让下属心甘情愿跟随自己呢？最好的方法是自己先成为一个好领导。

管理者该有的思想觉悟中，最重要的是设身处地考虑员工处境。如果上级给予下属充分的鼓励与支持，他会积极地执行命令。相反，如果下属不听指挥，很可能是因为上级本身做得不够好。

有时管理者觉得自己已经做得很好了，但员工仍不听从，这可能是因为做法存在问题。此时管理者应该与员工进行充分交流，找到自己做得不对的地方。知道了自己的问题所在，就要考虑下次应该怎样做才能让员工更容易接受自己的想法，从而调整做法。

花时间和精力了解员工的工作困难

在亚马逊，下属朝着目标努力时，上级会不断关注下属的工作进展是否顺利。当下属陷入工作困境时，上级先不要去想是不是因为下属能力不够，而是要通过沟通来了解他遇到了什么问题，并给予必要的帮助。虽然大企业人员众多，但不会对员工的事置若罔闻，反而会以优先重视的态度加紧解决。这时最重要的是把员工当作自己的镜子。

设身处地考虑员工处境，并调整对策。

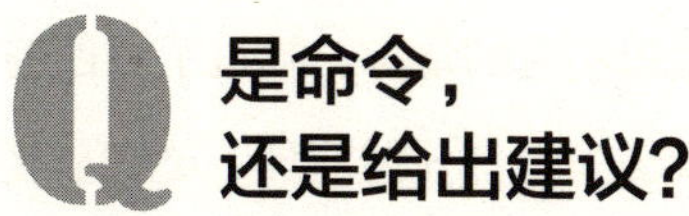

是命令，还是给出建议？

培养领导力

管理者有时也会犹豫：是给员工下达命令好呢，还是给出一些建议好？从这一点来看，亚马逊一直重视培养员工的领导力。

说到培养，一般是指地位高的人帮助地位低的人找到解决问题的方法。而亚马逊的培养，不只存在于上级和下属之间，还鼓励同事之间相互帮助解决问题。亚马逊的培养行动是以领导力准则为核心，助力员工找出解决方法。因此，亚马逊领导的任务是提供建议与支持，帮助员工找到恰当的解决问题的方法。

独立思考与实践

培养和指导有什么区别呢？我们认为指导近乎命令。既然是命令，就意味着不允许违抗。与此不同，培养与建议的意思相近，即使被要求什么，也不一定非得照做。换句话说，培养的重点在于员工自身如何思考并行动，以及能否发挥出自身的能力。上级在这个过程中扮演的是教练的角色，主要任务是关心并正确引导员工。

也就是说，亚马逊的领导对员工一般不会直接命令，而是采取培养的方式。所以，上级不会跟员工说“这不能做”“那不能做”，而是让他们自己思考并实践，以锻炼自身能力。

培养员工独立思考的习惯，并给予帮助。

培养员工的领导能力需要什么环境？

员工想要的是什么

上级要想培养下属成为领导者，就要和他建立起信任关系。如果下属不信任上级，那么不管上级说什么，下属都会认为“这个人可能别有用心”。下属带着这种想法工作，就不会成长。因此，上级积极主动以获得下属的信赖，是极为重要的。

有一次，亚马逊召开内部研讨会，有一个问题是：“员工最想要什么？”很多人回答：“有奔头”。但有一位负责人的回答与众不同。他的回答是“安心和安全”。也就是说，员工想要的是“能畅所欲言和包容失败的氛围，而且领导可以为员工保驾护航”。

创造自由的工作环境

该负责人说，“如果没有一个安心和安全的工作环境，员工就难以心无旁骛地朝着高目标而努力。”试想一下，如果员工处在一个做错事后被责备、遇到困难时得不到帮助的工作环境，他就只会选择做最保险或者不被责备的工作。这时再让他设立任何目标，他也没有挑战的勇气。

有了安心和安全的环境，才能建立起上级和下属之间的信赖关系。有了这样的关系，员工才会勇于接受工作上的挑战。只有这样，员工才能获得成长。

只有安心和安全的环境才能让员工成长。

怎样激发员工的主人翁意识?

切忌过度干预

上级要帮助下属设立并执行目标，并在下属实现目标时给予鼓励。目标的达成对下属来说，意味着努力获得了回报，也为完成下一个业务目标树立了信心。

但是，上级切忌过度干预。这是因为，上级过度参与一份不是由自己负责的工作，难免会让下属觉得自己是被强迫做事。这时，下属会抱怨上级：“为什么接受客户这样的要求？为什么设立这么高的目标值？”

亚马逊很重视培养员工的领导能力，所以希望每个员工都能积极地参与项目或团队业务等。这种做法其实就是激发员工的主人翁意识，并避免员工产生被迫工作的想法。

明确贡献度

培养员工的主人翁意识要从目标设定阶段开始。例如，贝佐斯所构想的亚马逊使命是“不断加强更新商品的种类、价格和便利程度”。在这个使命下，各个部门要设立包括人才培养在内的工作目标。

实际上，为了完成企业的使命，各组织层面制定怎样的行动战略关系重大。这在个人层面也是一样的。比如，某部门决定将“丰富商品种类”作为战略之一，那么部门里的每个员工也要为增加他所负责商品的品类而制定相应的目标和具体措施，并弄清楚自己在哪方面能为实现部门目标做出贡献。

这样就能减少员工产生如“自己到底能为企业做什么”之类的困惑。让员工产生“自己能够为提高企业服务效率做出贡献”这样的主人翁意识，是亚马逊的经营之道。

值得注意的是，在亚马逊开展管理工作的人未必是领导。正如上文所述，亚马逊的每个员工都是具有很强主人翁意识同时进行自我管理的领导。

亚马逊的员工都很清楚在工作中要有主人翁意识。正因如此，他们都自我设立工作目标。员工如果能实现工作目标，不仅自己获得了成长，也会因为对企业做出了贡献而充满动力。

明确自己可以在企业发展战略的哪个环节创造价值。

要替员工解决在业务开展中发生的纠纷吗？

力挺员工拜访客户并致歉

员工在开展工作中发生纠纷时，很多领导为尽快解决纠纷，经常会产生这样的念头："员工的能力或许应对不了这件事，还是由我来办吧。"

但在亚马逊，即使上级需要介入下属的工作，他也不会取而代之，而是和下属一起来解决问题。

例如，下属没有满足客户的要求，就必须去道歉。即使上级与下属一起去道歉，上级也只在必要的时候提供帮助，不会代替下属去做这件事，更不会以负责人的身份单独约见客户。

和当事人当面讨论解决办法

如果下属不是和客户发生纠纷，而是在企业内部和其他同事产生了矛盾，该怎么办呢？假设自己部门的员工和其他部门的经理发生了纠纷，上级要先与下属沟通解决方案，讨论后确定一个不让下属为难的解决办法，并让下属将讨论后的决定报告给其他部门的经理。

这个过程中最重要的是，要让造成此次纠纷的员工心甘情愿地接受解决方案并执行，最终使当事双方建立起信任关系。

业务部门员工的纠纷对象多是企业外部人员，所以有时对方会要求企业领导或部门负责人出面解决。在这种情况下，上级最好陪同下属一起与对方商量解决方案。

而非业务部门的纠纷对象多是企业内部人员，解决矛盾时，如果上级也同去的话，下属处理纠纷的能力就得不到锻炼。也就是说，上级是否出面解决矛盾，取决于利益相关者是什么人。不管怎样，重要的是，上级应该为下属的成长提供指导。当然更重要的是，不能给客户添麻烦。

无论何时，我们都要让员工感到安心和安全。发生纠纷时，当事人要去道歉，但领导不要说“员工给您添麻烦了”之类的话。因为这听上去有责备员工的意思，容易让员工产生不信任的感觉，而且像在撇清关系，把责任都推到了员工身上。这样的上级在亚马逊被认为没有领导能力。

亚马逊认为，企业是一个整体，无论出现了什么问题，都不是某个人的过错，整个团队都负有责任。

有了问题，不是替员工解决，而是和员工一起解决。

如何与面对困境的员工沟通?

为了不让员工独自面对困境，创造一个易于交流的环境非常重要。上级要时常注意员工是否在承受压力。例如，在团队会议上，如果发现某个员工的精神状态与平时有所不同，发言变少，上级就要主动和他沟通。另外，对一直盯着电脑的员工也要问问：“你还好吧？”

特别是对不爱交流的人，更要多与他交流。别想当然地以为他在默默地工作，很多时候，他其实是在独自承受着压力。

亚马逊的优点是，虽然作为一家发展成熟的企业，但仍和发展初期一样，拥有畅通的交流环境。在亚马逊，交流没有职级的限制，普通员工也可以直接和董事长进行对话。因为畅通的交流关系到企业做出快速的决策。

为了在工作中有好的表现，职场沟通是非常重要的。比如，约同事去咖啡厅喝咖啡，或者在办公室之外的地方聊聊天，都是不错的选择。有了可以倾诉的对象，员工更能安心地工作。

另外，如果员工的工作表现不好，但也不愿意和领导沟通，这时通过与他关系密切的同事来询问也是一种方法。当员工遇到困难时，亚马逊不只是进行一对一的帮助，整个企业都会给予帮助。

注重细节的变化，积极帮助他人。

项目成果不显著怎么办?

亚马逊规定，每次活动或项目结束后，下属要报告开展情况与存在的不足。例如，让员工就这次的成功经验，提出下次怎么做得更好的建议。

亚马逊提倡“每天都是新开始”的工作态度，培养从过去的经验中学习以获得进步的文化氛围。亚马逊认为，完美的项目是不存在的。每个项目或多或少都会有一些不足之处，因此尽早发现问题非常重要。比如员工为了提高客户使用的便利性，提出是否需要充实货源或提供保障服务的建议。相反，如果员工的报告中完全没有提到项目有哪些不足，说明他的责任意识有所欠缺。

重要的是，要让员工主动去做事，而不是让他被动地等安排。不过，有时员工因害怕万一出岔子被批评，又或者担心出现亏损而不敢说出想法，这就说明员工没有感受到安心和安全的工作氛围。此时，员工可能连一些明显存在的问题都不敢指出来。

因此，作为上级，不要因为员工指出不足和问题而降低对员工的积极评价，反而应该让发现并提出问题的员工获得良好的工作评价与自我成长。亚马逊有一个工作机制是正视失败，并对失败经历进行复盘。如果员工发现了问题，就要及时向上级汇报。所以，出现问题并不可怕，可怕的是对问题视而不见。

正视问题与不足，能促进自我成长。

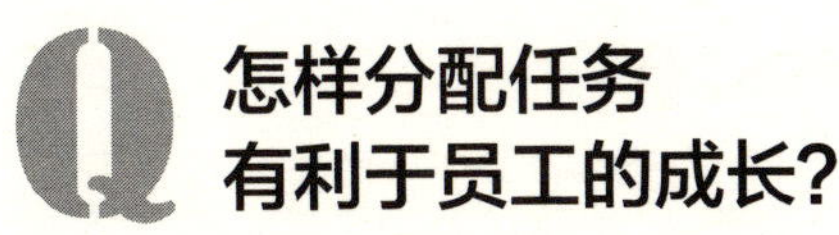

怎样分配任务有利于员工的成长？

给员工安排他最擅长的工作

给员工分配任务，是管理者的主要工作。领导在带领一个新团队时，因为对员工的能力和性格不是十分了解，在分配任务时，就面临不知道该把哪项任务分给谁的难题。

合理安排工作既要考虑员工的专长，又要考虑他们各自的经历，这样才能让每个员工都发挥出最大的优势。

另外，还要根据员工设立的具体工作目标来安排工作。假如一个员工设定的工作目标是“建立网络以扩大业务范围”，那么就可以安排他参与和企业各部门沟通的项目。

安排员工做他擅长的工作

当然，也不是员工想做什么就让他做什么，而不考虑他是否能胜任。亚马逊采用的是岗位型雇用模式，因此要把工作安排给擅长的人。

不管怎么说，安排任务要尽量考虑员工擅长的领域。从这个意义上来看，领导安排工作的思路是：与其改善其弱项，不如强化其强项。

给员工安排其擅长的工作。

如果员工想辞职，怎么沟通？

遗憾的是，在培养员工的过程中，难免会遇到有人突然提出辞职的情况。这个时候不要马上反对，而是要询问他做出这个决定的原因。

曾经，我的助理对我说：“我不想做辅助性的工作了，想做能独挑大梁的工作。”因为他是一名优秀的员工，所以我尽量不让他辞职，于是提议道：“调动到其他岗位怎么样？这样可以有更多挑重担的机会。”但是，他说跳槽到其他公司后，他能做自己想做的事情，我便没再挽留他。

他的人生由他做主，所以如果是“不管怎样，都要辞职”的话，我们没有权利阻止他。当然，我也希望他能实现自己的愿望，所以尊重他最后的决定，并且对他说：

“以后如果想回来，尽管跟我说。”最后，以“我支持你的做法”这样的态度送别，而不是带着“既然这样，那就再见吧”的态度。前一种态度表达了“如果想回来，我们随时欢迎你”的意愿。

亚马逊的领导为了尽可能留住优秀的人才，有时也会请别人帮忙。比如，如果员工是因为想去其他的部门而辞职，领导就会和其他部门负责人商量并提出请求：“虽然该员工没有此方面的工作经验，但非常有能力，能否把他调过来？”

询问辞职理由，努力在企业内为他争取机会。

如何帮助对职业生涯感到迷茫的员工？

劝说过于拼命的员工适当休息

亚马逊也有因为太努力而患上“燃尽症候群”的人在。这样的员工因为太累所以经常想辞职。在这种情况下，领导要建议他们休假调整一下。

有的人在完成工作后，时常觉得没有足够的时间恢复体力和脑力。这时为了让他们好好恢复身体，最好让他们带薪休假。

工作中，很多人都有过一段职业迷茫期。亚马逊对这种情况会像之前所说的那样，动员所有力量来解决。比如，员工有权利调换部门，如果他想去别的部门，上级会爽快地答应。

在亚马逊，即使是不同工种之间的调动，只要本人愿意并且具备相关工作能力，也是可以的。曾经有位法务负责人希望做商务工作，在调到商务部门后也做出了好成绩。即使有员工想去海外工作，亚马逊也会提供机会。太田的团队中曾经有一位员工，原来在日本做采购，现在正在美国旧金山的电子团队中大显身手。

虽然每家企业的具体情况不同，但是很多企业在录用员工时，都很重视他们的领导力。这是因为提高员工的领导力，不仅有助于他在企业内部进行调动，也有助于他转行。所以，从员工的职业生涯来看，提高他们的领导力非常重要。

将回归视作能力

经常有从亚马逊离职后又回来应聘参加亚马逊面试的人。这就是所谓的“回归”。其中，甚至有人反复跳了3次。亚马逊用“回旋镖”这个词来形容回归。换个角度看，一个人在面试要求不断提高的情况下还能跳回来3

次，正说明他非常有实力。当然，也有人因为在外期间提升了技能，回归之后顺理成章地升职加薪了。

回归的人中，也有换部门的特殊经历。比如，一个员工离职之前在业务部，回归后却去了采购部。能够在不同部门间调动或跳槽后又跳回的人，一般有着很强的领导力，并一直践行着领导力准则。这样的人在哪个部门都能大展身手。

另外，在亚马逊，员工调动部门时，未必需要相应部门的工作经验。甚至可以说，即使没有相应的经验与技能，如果有很强的领导力也能顺利调动。比起经验，亚马逊更看重员工的领导力。即使没有任何工作经验，但怀有尝试新事物的强烈欲望，也能使一个人有所发展。

劝导员工注意休息，给他提供内部调动的机会。

如何激发员工拼业绩的干劲儿?

让员工尝试新挑战

员工有动力，才会积极工作。因此，领导要想方设法激发员工的工作动力。

在亚马逊，领导会根据员工的体力和脑力情况，给想要进步的员工安排一些有难度的工作。因为有挑战性的工作能够提升员工的能力。

为了让员工有工作动力，亚马逊还会让员工出差去做一些跟主要工作没太大关系的事情。这种安排对有些企业来说可能有点难度。以亚马逊的服装业务为例，会让员工到美国西雅图总部出差来收集相关信息，或者让他们参加海外的展览会等。虽然不是紧急必要的出差任务，但员工通过接触各种信息受到更多的刺激，进而也会激发工作动力。当然，可能去海外出差预算有限，不会经常这样安排。不过，暂时放下工作，腾出一点信息摄入的空闲，也是好的。所以，让员工抽出时间积极参加一些线上会议，也挺好。

以负责任的态度评价工作

培养员工的主人翁意识也是提升工作动力的关键。只有员工意识到：自己可以起到这样的作用，能做这样的事，能得到这样的评价，他才会觉得自己是这家企业或部门不可缺少的一员，干劲儿就会高涨。

如果员工始终想着“再多做些业绩出来，就能得到大家更好的评价”，他肯定会努力工作。因为努力工作，从而得到了相应的评价，他一定会很有成就感。因此，领导要在众人面前多表扬努力工作的员工，并让团队成员向他学习。对不太自信的人来说，受到表扬能提高他对自己的肯定，所以认可员工取得的好成绩非常重要。

让员工持股，增强主人翁意识

为了增强员工的主人翁意识，亚马逊还推出了全员持股制度。在亚马逊，股票会作为薪酬的一部分发给员工。员工持有企业的股票，就会萌生“想为企业的发展做出贡献”“企业发展壮大，自己会获益”等想法。将股票这一看得见的报酬与工作成果挂钩，会大大增强员工的主人翁意识。顺便说一下，亚马逊的全员持股制度与绩效紧密相关，会根据员工的业务以及行动目标的达成度来分配股份，绩效越高，股份越多。

中小企业的负责人大多持有企业全部股份，可以考虑将一部分股权分配给员工，根据员工的工作业绩进行合理分配。

让员工挑战有难度的工作，增强员工的主人翁意识。

如何表扬工作努力的员工？

表扬员工具体的工作

领导在表扬员工的时候，如果只是简单地说“你很努力”，可能会让人觉得他没认真了解情况，只是敷衍地给了一句表扬。这样的表扬不仅起不到鼓励的作用，而且有时还会打击员工的工作积极性。

员工期待的并不是领导的盛赞，他们不是为了讨好领导而工作，只是希望得到一个比自己更有职业经验与能力的人对自己工作的认可和肯定。

领导表扬员工可以说类似“谢谢你调查得如此详细”“这个思考角度真有见解”“在那种情况下做出这样的判断非常棒”这种话，最后别忘加上一句“辛苦了”。

通过他人传达表扬

领导要让整个团队学习这个员工好的工作表现，也要把这个员工的表现告诉自己的上级，从他那里得到赞扬。这样，员工就能切身感受到自己确实被领导表扬了。所以，表扬的关键是要让员工切实感受到自己是组织中必不可少的人才。

表扬要具体，而且要让员工切实感受到。

如何批评出错的员工？

可以批评错误，但不要否定人格

领导在批评员工的错误时，切记不要否定他的人格。批评是为了防止错误再次发生，而不是伤害对方。像“都是因为你太粗心了”这样否定人格的批评方式，会影响之后的沟通。因此，批评的时候要只针对员工的具体行为，而不涉及人格等其他方面。

引导员工时，最好的方法是先让员工对自己的行为进行分析，找到自己的问题。然后问他为什么这么做，再一起分析犯错的原因，想出解决方案。这个过程需要花费时间和精力，但为了避免类似错误再次发生，是非常有必要的。当员工把犯错归因为“着急赶期限”，这可能意味着在之前的阶段就已经出了问题，或许是面对紧急情况，领导想要快速推进工作而做出错误判断导致的。不管怎么说，领导要和员工一边交流一边分析原因。也就是说，领导与其批评员工，不如一起考虑该如何改进。

亚马逊还有一条原则是：初次失败不受指责。这条原则源于“失败带来革新”的信念。贝佐斯认为没有失败就没有成功，他经常说“失败和成功是一对孪生兄弟”。正因为革新往往诞生于失败，所以无需在意最初的失败。重要的是不重蹈覆辙，从上次失败中汲取教训。

不要一味地批评，而要帮助员工学会避免再次失败。

提高工作效率的信息共享方法是什么？

为了共享信息，必须定期开会。亚马逊会定期举行一对一会议，领导和员工一起交流工作中的疑惑与心得。

太田和团队成员每周开一次会议，和其他部门的负责人每两周开一次会，和其他员工每 3 个月开一次会。每次会议的时间一般是 30 分钟左右，特殊情况也会延长时间。

开会时，太田聊的主要内容是与业务相关的。之前讲过，业务目标和行动目标是不可分割的。当业绩没有预想的那么好时，行动目标的达成度应该也不尽如人意。所以，太田在会议中会将这两者一并讨论。

另外，开会时，不是员工单方面地汇报做了哪些工作，领导也会报告企业的动态。根据参会人员情况的不同，在 30 分钟的会议中，一般前 10 ～ 15 分钟是员工汇报，之后 5 ～ 10 分钟是领导作报告，剩下的时间就是自由交流，可以谈论一些诸如“某人好像遇到了问题，正发愁呢”，或者“最近过得怎么样”之类的话题。

亚马逊的领导很多都在美国，所以一周一次和领导谈话的机会十分珍贵。尤其是美国总部的动态关系重大，所以员工经常会问领导：“听说发生了这样的事，是真的吗？”

定期举行一对一会议，共享信息。

领导者应该设立怎样的目标?

将培养接班人作为目标之一

全体员工都应设立各自的目标。对领导者来说，培养优秀的员工是其工作之一，所以最好将“让谁做接班人”设为目标。

假如明年上级将调动到其他部门，这样就会出现职位空缺，那么从现在开始就必须确定接班人。具体来说，可以选 3 ～ 4 名候补对象。考虑人选时，只要觉得这个人值得信赖，就把他的名字写下来。如果当时没有想到合适的接班人，接下来就要不遗余力培养继任者。上级如果有机会参加招聘面试的话，积极录用可能成为接班人的求职者，也不失为一个办法。

培养员工的同时也能提升自我

亚马逊认为培养接班人非常重要，所以领导者要将“培养接班人”纳入工作目标。有的企业采用各种形式的轮换制度，员工的录用和晋升都由人事部门决定。对企业来说，培养人才好处多多。同时，对领导者来说，培养接班人也是绩效考核的一个指标。也就是说，培养接班人对任何一方都是有益的。

随着员工的成长，团队也会随之变强，领导的自身能力也会得到锻炼与提升。这是因为领导者在培养员工的过程中，要先成为员工的榜样，为此要以更高的标准要求自己。

如果员工能接任领导者的工作，那么领导者就有可能升任更高的职位。换句话说，就是一荣俱荣。领导者制定“培养接班人”的目标，会提高整个团队甚至整个企业的水平。

录用比自己优秀的人才

亚马逊要求领导者在招聘时要录用比自己优秀的人才。所以，领导者会将寻找优秀人才当做任务而努力。为了完成这个任务，领导者首先要通盘分析自己和团队需要改进的地方，然后考虑招聘什么样的人才来解决这些问题。所以，在招聘过程中，领导者重点考虑的是应聘者能否提高团队的整体水平，或能否弥补团队的不足。

亚马逊非常重视招聘工作。如果招聘时敷衍了事，领导后续培养接班人就会很难，而好不容易进入企业的新员工也有可能因为不适应亚马逊的企业文化，而无法发挥自身的才能。因此，重视招聘是非常有必要的。

员工获得成长才是领导者的功劳

职场中，“抢员工功劳的领导者”让人嗤之以鼻，在亚马逊不会有这样的领导。正如刚刚提到的，培养员工是领导工作获得好评的指标之一。如果领导者抢了员工的功劳，就得不到相应的好评。

也就是说，在亚马逊的管理模式中，领导者根本没有必要去抢员工的功劳。一般的企业可能很难采用这个模式。试想一下，如果在其他企业，有人对上级说：“我想重点培养一个员工，因此想把这个项目交给他做。如果这个员工得到成长锻炼，我希望能获得好评。”上级听了会怎样呢？

领导者要把选定接班人纳入工作目标。

如何选择和培养接班人？

必须遵循领导力准则并能做出成绩

上一节讲到，领导者要把确立或培养接班人设为工作目标。那么，应该选择什么样的员工作为接班人呢？亚马逊的标准是看候选人“能否遵循领导力准则”和“能否做出成绩”。

在亚马逊，成为接班人的前提条件是能遵循领导力准则做事，充分发挥出领导能力，并在此基础上做出成绩。两个条件缺一不可，如果只是做出了成绩，但在平时的工作中没有获得其他员工的肯定，这样的员工也不适合成为接班人。

在小西的团队里，有一个员工被视为经理接班人。他入职后不久就提出希望把工作都交给他来做的请求。他当时即将完成新员工的“推出计划”，需要在小西的帮助下开展业务。听完他的请求，小西认为他虽然还有很多东西需要学习，但是应该可以胜任工作，于是就同意了。小西同时承诺这位员工需要帮助的时候，可以随时和她联系。

具有领导力的员工，即使遇到困难也绝不会轻易放弃，将来一定能够成为优秀的领导。现实中，这种人一定会出人头地。所以，具有挑战精神并勇于尝试的人，能在失败后及时反省，改正错误，从而获得快速的成长。

不设置副领导的职位

在大多数企业里，如果领导者有了接班候选人，就会安排他当自己的助手或担任副职。但在亚马逊，虽然存在领导与接班人这样的工作关系，但接班候选人的工作内容和其他团队成员没有区别，因为企业里不设置副领导的职位。

有的领导者喜欢把接班候选人称作“继任者”。这也表明，虽然接班候选人不是副职领导，但他是接替领导的第一人选。但这并不代表领导只需要与接班候选人一个人保持紧密联系，同样也要和团队其他成员多沟通交流。

那么，接班候选人能为领导分担什么工作呢？比如，有一些不得不参加的业务会议，如果领导因为休长假不能参加，接班候选人就可以代替领导参加，同时也可以学习经验。这样，领导就可以一边让接班人代替自己处理业务，一边再慢慢地传授经验和交接权限。

培养出接班人也是领导者的成果

另外，领导者需要让接班人参与团队管理工作，比如，如何增强团队能力、如何设立工作目标、如何设计完成目标的具体步骤等。如果领导主管4个或5个团队的话，可以先让接班人负责其中的 1 个或 2 个团队。在放权的同时，领导也要对接班人进行指导和帮助，直到他可以独自管理 4 个或 5 个团队。

员工得到晋升后，很多企业的领导者会担心自己的处境，存在“教会徒弟饿死师傅”的担忧。但在亚马逊不会出现这种情况，因为领导者会随着员工晋升而获得好评，同时自己也可能得到晋升。正因为有这样的评价机制，所以亚马逊的领导者都热衷培养人才。

当领导者确定了接班人后，要主动向周围人宣传“我在培养这个员工，他正在做这些事”等，为接班人制造更多表现的机会。当然，因为接班人会代替领导做很多事情，也会被大家所熟悉。除此之外，让接班人积极地跟进项目和参加专业培训，也是非常有必要的。

领导者要选择能发挥领导力并做出成绩的人作为接班人，并让接班人代替自己做一些工作。

AMAZON
のすごいマ
ネジメント

让团队成绩显著的“业务开展”法则

团队不能有效共享信息怎么办?

确定信息共享的频率

“我不知道这件事!”“计划变了吗?”日常工作中经常发生这样的事情，很多人觉得很难实现团队信息共享。为了避免发生这类情况，信息共享就变得尤为重要。在进行信息共享时，首先要明确哪些信息需要以天为单位共享、哪些信息需要以周为单位共享。

比如，每周举行团队会议，员工可以分享各自工作的大概情况。同时，还可以采用发邮件的方式，实时共享工作进展情况，如“这个项目的谈判进展困难”“这个方法取得了成果”等。通过发邮件可以避免出现信息共享不及时的情况。

公开信息

通过邮件共享信息时，邮件联系群可以实现与相关人员共享信息，非常方便。亚马逊有各种各样的邮件联系群。除了特定的邮件群，员工还可以自由加入其他群。如果想了解采购员的业务情况，即使不是采购员也可以加入采购员的群。在亚马逊，信息开放程度特别高。

除邮件群之外，还可以利用 Chatwork、Slack 等通信方式，有效实现信息共享。

用好工具，每日或每周分享信息。

什么信息需要共享?

前面提到了共享信息通常采用邮件联系群方式，那么应该在什么时候进行信息共享呢？只有事关全员的重要信息才需要共享吗？

其实，无论多么琐碎的信息都可以共享。在亚马逊共享的各种信息中，既有仅仅写了“其他的网站也有这样的内容”一句话的信息，也有配有照片的一句话——“今天拿到了这样的传单”等信息。其实，重要的不是共享了哪些信息，而是对哪些信息做出回应。比如，关于修改网站标签，现在有 A 和 B 两个方案。通过共享这一信息，就选择哪个方案更好来征求大家的意见。另外，共享其他网站的一些做法，能够为接下来的行动找到突破口。

像这样，通过共享各种各样的信息，可以引发必要的讨论。即使这些讨论与目前的业务没有直接关系，也能引起大家对一些问题的重视，助力下一个业务的开展。

领导要有很强的信息共享意识

贝佐斯和亚马逊日本总裁贾斯伯・张也经常通过邮件联系群来收集公司的内部信息。

贝佐斯每天都会把有关亚马逊的新闻报道摘要发到特定的邮件群里。小西刚进公司不久，就曾收到贝佐斯突然发来的邮件，询问她看到的一篇报道的内容。而那是一件很小的事情，所以小西当时很吃惊贝佐斯竟然关注到这种事情。

顺便提一下，贝佐斯在任亚马逊 CEO 时，任何一个普通客户都可以直接给他发邮件，同样也可以给贾斯伯・张发邮件。如果他们认为邮件内容很重要，就会将邮件传至邮件群，由相关团队跟进处理。

如果贝佐斯收到了关于日本公司方面的重要邮件，就会发给日本的高级副总裁，由他转发给贾斯伯・张。所以，通过邮件，即使人在日本也可以了解到外部发生的一些事情。有时候我们会大吃一惊，没想到竟犯了这样的错误……即便如此，通过邮件群这种非常好的工作方式能让我们意识到错误并加以改正。

任何信息的共享都会为行动提供契机。

Q 上级有义务接替下属的工作吗?

重视所有权

亚马逊要求员工具备的领导者特质之一就是以主人翁意识思考问题。

小西参加亚马逊全球经理培训时，当时被视为亚马逊接班人的杰夫·威尔克说：“我想修改亚马逊的领导力准则。”他想去掉领导力准则中“担当意识”里关于所有权的内容。因为在美国，持有股票等同于对企业拥有所有权。

从这件事中可以清楚地看出，员工比贝佐斯想象得还要重视所有权。

自己的工作自己负责

无论哪家企业，处在领导岗位上的人一般都有强烈的使命感：“必须培养团队的领导者”“必须致力于员工的培养”等。但在亚马逊，对于使命感，领导没有“因为是领导，所以必须由我来做”的态度。

在小西以前曾工作过的企业里就有这种情况：下属制作完汇报材料后，上级会说“之后就由我来汇报吧”，半路接替了下属的工作。

在亚马逊，自己的工作自己要担责，而不是上级。所以，一切都要自己做。对自己的工作负责到底，是领导者必须具备的观念。实际上，只有上级不越俎代庖，下属才会得到很好的锻炼。因为下属要全权负责自己的工作，就不得不挑战超出自己能力的部分。而带着这样的责任感工作的话，人也会不断成长。

而且，员工抱着自己的工作自己负责的心态去工作，不仅能掌握成为领导者的技巧，也不会在面对失败时推卸责任，而是记住了“这件事是由他造成的”。

即使失败了，上级也不要责备下属，而是要一起解决问题，找出原因，总结经验，这样在下次遇到同样的情况时，处理起来就会得心应手。这才是培养员工的方法。

对属于下属的工作，上级不要越俎代庖。

是否应该介入员工之间的纠纷？

员工之间先进行沟通

职场中有时会遇到员工向领导告状：“同事犯错了，请您说一说他吧！”面对这种情况，作为领导可以这样回答：“你先找个会议室，和那位同事当面沟通一下。”

在亚马逊，对于员工之间的纠纷，领导不会积极介入调解。因为大家都是自己的“领导”，所以发生事情之后应该由他们相互解释清楚。这就是亚马逊的思考方式。但领导也不是完全不管，领导可以告诉员工，如果他们之间协商不成的话，自己再介入，但前提是尽量让当事人双方自己解决问题。当事人之间的协商有时也会发展成激烈的争论，但这正是因为他们各自有想法，所以出现争论也没关系。

进行深入的讨论

不过，激烈的争论过后，当事人双方一旦离开会议室，矛盾就要一笔勾销。正因为在会议室里有了认真深入的沟通，所以问题才能彻底解决。

如果在讨论前需要给出什么建议的话，那就是“谈话不要有所顾忌”。如果过于在意他人的想法，讨论中便会忽略自己闪现的奇思妙想。

话虽如此，但争论过后，双方能跟什么都没发生一样继续交流合作并非易事。因此在进行讨论的时候，必须奉行“如果不同意，就请给出对策”“不进行人身攻击，要对事不对人”等规则。

领导不介入，让陷入纠纷的当事人自行解决问题。

不可更改的决策需要注意什么？

在推进项目的过程中，当不得不做出重要决断时，是决策的速度重要，还是决策的正确性重要？在亚马逊，更多的时候是重视速度，但并非只追求速度，要具体情况具体分析。

那么，在什么情况下应该重视决策的正确性呢？

“单向门”决策是亚马逊的重要思维方式之一，字面意思是单向开启的门，表示一旦打开这扇门就不能关回去了，象征不可更改的决定。

比如开启亚马逊云服务业务，或者修改亚马逊最重要的领导力准则，抑或调整黄金会员的会费等，都是一旦实施就无法终止的决策行为。

当亚马逊采用“单向门”决策决定一件事情时，就会非常重视决策的正确性，会进行极为慎重且充分的讨论。

是否采用“单向门”决策，基本上由团队领导来决定。不过，当他向上层决策领导汇报时，会被问及：“这要采用‘单向门’决策吗？”如果回答“是”，上级便会嘱咐道：“那么要慎重决定。”相反，如果回答“不是”，就会得到“立刻执行”的批准。

不可更改的决策要重视正确性。

可以随时变更的决策需要注意什么？

除了“单向门”之外，还有一种决策方式是“双向门”，意思是可以双向打开的门，即能够来回打开的门，象征可以修改的决定。

商品价格的变更就属于这种情况。即使定错价格，也可以马上更改。对于这种以后还能更改的决定，就没必要花时间纠结，要快速推进。

上一节提到的决策者同意马上执行的事情，就属于“双向门”决策。

除了定价之外，对于像“开展促销活动”“增加网页功能”等类似的“双向门”决策，最好高效推进。与“单向门”决策不同，“双向门”决策有补救的机会。但在亚马逊，保证决策效率的同时，也要考虑“这个决定是否符合领导力准则”，“是否符合项目原则”。话虽如此，这并不会成为影响决策效率的主要因素。因为亚马逊的员工平时就带着这样的意识开展工作。

因此，制定决策的流程就是，首先判断需要采取“单向门”决策还是“双向门”决策。如果采取“单向门”决策，就要收集必要的资料进行充分的论证；如果采取“双向门”决策，就要检查确认该决策是否遵循了领导力准则和项目原则。

可以随身变更的决策要重视速度。

出现问题，要从哪个方向入手？

分析为什么做不到

前面曾介绍过亚马逊有“单向门”与“双向门”两种决策方式，其中“单向门”决策重视正确性，“双向门”决策重视速度。

当然，亚马逊在采用“双向门”方式处理问题时，并非不经讨论就迅速决定，也会召开会议，并进行充分的商议，但不会吹毛求疵，只是会在搞清“决策到底可行吗”这一点上费些时间。

那么，怎样才能知道决策是否可行呢?

比如，开会中，有人报告了这样的情况：按目前的进度不能如期交货。此时，该弄明白的问题是为什么赶不上期限，而不是谁造成了这个失误。找到延迟交货的原因后，再围绕如何解决这个失误展开商讨。

如果是因为必须在合同终止后进行测试导致不能按期交货的话，可以尝试在订立合同之前进行测试。如果必须在合同生效并给商品编码后才能测试，那可以请示一下这次是否允许使用伪代码。

这种做事方式符合领导力准则中的“刨根问底”原则。也就是说，要全面了解情况，当发现设计指标与现状不符的时候，要提出疑问，深挖原因。

避免互相“踢皮球”

如果发生延期交货的情况，亚马逊会问延期的原因，而不是追究是谁造成的失误。查明没能按期交货的原因，并设法解决，才是最重要的。

有的企业里，经常出现这样的情形：因为销售部业绩惨淡，销售经理怒气冲冲训斥员工，同时为了自保，把责任推到上级，认为是上级决策失误造成的。

亚马逊绝对不会发生这种事情。即使亚马逊发生了这种事情，也会认为是销售经理的领导有问题，因为他没有控制好事态，也没有事先预估到失败的可能性。

要弄清楚没完成任务的原因。

要不要重新分配进展不顺的任务？

与其分解工作任务，不如调整优先级

经常听到领导抱怨：“检查员工的工作时才发现任务根本没有任何进展。”面对这种情况，或许有人首先想到的办法是将工作任务进行再分配，其实就是缩减怠工员工的工作量，分给其他员工来做。乍看之下这个方法似乎可行，其实执行起来有难度。因为其他员工也有饱和的工作，所以难以再接新的任务。

在亚马逊，一般很少发生临近期限才发现相应的工作进展缓慢的情况。因为亚马逊会定期确认工作进展情况，发现问题立即整改，并形成制度固定下来。

充分估计较为耗时的工作事项

发现工作开展不顺利时，先要查明为什么进展缓慢，并采取相应的解决措施。如果是因为尚未习惯设备的使用方法，那就要开展设备使用方法的讲座或培训。

有时完全不需要重新分配工作任务，只需要让大家知道工作的优先级别。对优先级高且需要全员配合完成的工作再进行分解安排。这时最好先分给那些愿意承担这项工作的员工。但是，也有很多时候，与其将工作分摊给别人，倒不如先将工作搁置一段时间再说，不换人，只是暂时让他放下这项任务。不少员工会执拗于自认为的任务优先级而开展工作。这时，领导要明确地告诉他任务优先级情况。

太田团队有个成员曾出现过一个月加班超 70 个小时的情况。太田意识到必须减少这种情况，于是就告诉他：“我希望你做一个电子表格，总结一下做什么工作需要花多长时间。”该员工不以为然地说：“做这个表格不也浪费时间嘛！”太田说：“不减少加班，会影响身体健康。我希望你能首先认识到这一点。”后来他听从劝说并着手改正问题。最后，他确定好工作任务的先后顺序，砍掉不重要的部分，将加班时间缩减到 30 个小时。

成长型企业里常见的一种现象是，员工不排斥加班而长时间工作。确实，越努力工作就会越得心应手，从而可能会变得越喜欢工作。这种状态短时间内可以，但不是长久之计。

如果处理一些业务时花费了比想象中更多的时间，大概率是因为反复做重复性的工作导致的。对此，领导应给大家做一个通用的操作示范。

首先要找到原因，而不是分解任务。

怎样应对经常怠工的员工？

先要问清楚没完成的原因

该完成的工作总是完不成，哪家企业都有这样的员工。

面对这种情况，不要不由分说地对员工加以训斥，首先应该询问他“为什么没完成”。具体原因只有问过本人才能知道，比如可用的资源不够，工作能力不足等。

如果因为客观条件导致员工没有完成工作，那么领导应该把重心放在客观条件上。如果该员工就是不擅长这项工作，那就需要考虑给他安排新任务。有时，领导也要反思是不是因为自己安排得不明确导致员工没有完成任务。

员工要独立解决工作问题

在解决员工完不成任务这一问题的过程中，要避免上级单方面努力。上级应该在调动员工自主性的基础上解决问题。前面曾讲到，培养员工的独立性，才是领导该做的事。所以要想让员工有所成长，就不要对他过分干涉。

领导也可以让该员工向能完成工作的优秀员工学习。如果什么方法都试过了，情况依旧没有好转，对这样的员工只能另想他法了。面对怠工的员工既不能严加束缚，也不能不管不问。

即使认为员工怠工，也不要上来就加以呵斥，而要问清缘由。

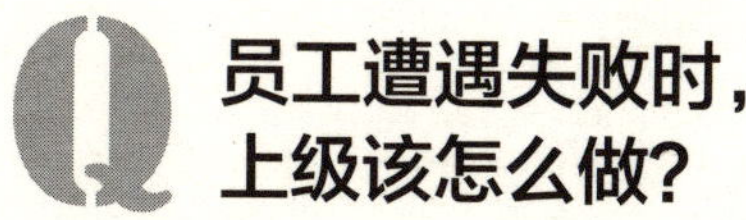

员工遭遇失败时，上级该怎么做？

面对失败，先查明原因

失败是所有人都会经历的。即使拥有众多优秀员工，亚马逊也经常经历失败。面对失败，亚马逊一直秉持着用失败的经验指导下次行动的态度。

比如，当员工失误后，亚马逊会先提醒员工注意下次不要再犯同样的错误了，然后彻底剖析为什么会失败，以防其他成员犯同样的错误。这也是亚马逊的工作机制：从失败中学习，避免重蹈覆辙。通过这样的工作机制，团队力量会日益强大。

分享事后经验

亚马逊有“事后经验会”，这是一个分析失败原因的会议。所谓事后经验，简单来说就是类似写在失败经历报告书上的东西。

接下来具体说说事后经验会的程序。假如某位员工因失误引起了工作纠纷，此时，要举行一对一会议。首先向该员工确认事件发生的时间、地点、对象、内容、原因和应对办法。但是，领导不能仅听员工一面之词，还要询问在场的其他相关人员，从而全面了解事情原委。即使事情已经过去几天了，也要让员工写简单的报告书，写明什么时候发生了什么事情。如果这件事情比较紧急，就要提高效率，与员工一起探讨事情发生的原因以及解决方案。

这个时候，一定不要训斥员工。因为很多纠纷几乎都是由于缺少经验引起的，而非哪一个人的问题。问题解决后，要写事后经验总结，并在团队或企业内分享。这样不仅可以让当事人总结经验，也能让其他员工避免同样的失败。

亚马逊曾出现过一次事故，采购了数万件错误商品。出现这样的失误后，领导非常震惊，但首先想到的是不管怎样都要把这些商品销售出去，并做好了降价的思想准备。同时，也与供货商就退货事宜进行协商。

即使出现了这样的问题，领导也没有斥责那位负责采购的员工。这是因为，责任不是他一个人的，没有做好事前评估的领导也负有责任。所以，如果是因为缺少程式化做法的指导而引起业务纠纷，那就需要考虑引入相应的机制，以避免其他员工下次出现同样的问题。

接受程式化做法，从自己开始

亚马逊会大范围进行经验分享。比如，公司规定，在美国公司出现的问题，日本公司的员工也可以共享其事后经验。这是因为日本的员工在看相关资料时也会意识到：这虽然是发生在国外的事件，但也可能发生在日本，因此可以帮助我们预防失败。所以，亚马逊不会隐瞒失败，甚至会向企业全体成员公布这一失败。员工即使失败了，但积极开展经验分享，并将做法程式化，不但不会受到批评，反而会得到高度赞赏。

其他企业也可以实践这种做法。在发生业务问题后，分析原因，思考对策，总结并分享经验。这样一来，员工的失误应该会显著减少。

如果能将这种文化根植在企业中，是最好不过的事。即使做不到，也应努力让员工掌握这种工作方式，从小范围开始，试着一步一步来。比如，当自己团队的员工工作失败时，试着和员工一起分析原因、思考对策，然后与大家分享经验。这样一来，其他员工也会慢慢愿意跟大家分享自己的失败经历。要是能在团队内形成这样的氛围，不久全体员工就都能掌握这个工作方式了。

为防止同样的错误再犯，要将分享经验的做法程式化。

想实现程式化却不被接受怎么办？

程式化的好处没有宣传到位

领导要想让整个企业程式化，要先从自己的团队开始推行。毕竟让全体员工都接受一种做法有些难度。

当然，任何规则都需要一定的时间来接受，新的做法也是一样的。再加上有的员工没有足够的时间与相应的觉悟来面对它，此外，也可能是因为员工根本就不清楚这种做法的好处，所以认为以后再做也未尝不可。

掌握了应对失败的做法，工作会变轻松

员工不理解程式化的好处，自然不会接受。无论是谁，都不愿意遵守自己不接受的规则，尤其是不遵守也不

会受到惩罚的话，就更不会自觉遵守了。

可以肯定的是，确立程式比其他日常业务重要。因为只有确立了程式，才能让工作变得轻松。也就是说，应该把有限的资源使用在确立程式上。为了让每个员工都能理解程式化的好处，首先应该积极地宣传，并在业务中进行实践，向其他员工展示程式化带来的成果。

亚马逊坚定地认为，严格执行程式化工作，所有人的工作都会变得轻松，因此在企业全面实施程式化。行为管理方面也有类似的做法。经常有人问，亚马逊的员工为什么能做到如此出色的行为管理呢？答案是：谁都知道行为管理对自己有好处。

让员工意识到程式化能让工作变得轻松。

如何避免业务专有？

企业时常会遇到业务专有的问题。所谓业务专有，简单来说就是指一项工作只能由指定的人来做。如果这个人因工作调动，或因身体不适需要休息一段时间，又或是因为工作忙不过来而不得不分给他人一些业务时，多会发生业务定人现象[①]。

为避免业务专有，需要引入并设定统一的工作模式。如果每个人的工作模式不同，就可能导致相互之间不能理解彼此的做法，工作效率会非常低。如果全体员工使用相同的工作模式，即使突然接手别人的工作，也能很快搞懂业务情况，从而顺利推进工作。

① 指某一业务长期只有某一员工负责，当他离开后，其他员工很难或无法立即接管。——编者注

被称为“1页纸”或“6页纸”的亚马逊规则，便是基于模式统一化的思考而诞生的。关于亚马逊将工作情况总结在1页纸或6页纸上的做法，具体来说就是在制作工作汇报材料时，要将业务进展情况总结在1页纸内；而关于项目建议与来年经费预算等，要在6页纸内总结出客户要求、预估风险、所需资源等有关内容。有了统一的工作模式要求，不论谁来做，都能完成一份令人满意的汇报材料。

这样想来，企业所使用的计算机工具也应该进行统一。亚马逊采用的多是自主研发的计算机工具。有些本企业难以自主开发的工具，可以从市场上购买。当然，用微软电子表格或文档也是可以的。

使用相同的工作模式。

如何选择办公软件和工具?

工具是整个企业都要使用的东西

之前讲了企业要运用信息共享工具。亚马逊基本上使用的是邮件群，但是也使用了由亚马逊优秀的工程师开发的信息共享工具。使用本企业开发的工具有三个优点：一是对本企业的业务形态适用性最好，使用方便；二是安全性高；三是成本低。

但是对于大多数企业来说，自主研发工具不太现实。因此，也可以使用由其他企业开发的工具。

选择适合的工具

之前介绍过的 Slack 软件，可以根据项目类别、团队性质或频道差异，进行不同形式的交流，而且速度也很快。同时，随着远程工作的开展，Zoom 软件的使用频率也不断增加。不过，有着近似 Zoom 功能的 Webex 软件，在安全性能方面颇为出色，而且与 Zoom 不同的是，其免费版也能进行 20 分钟以上的会议。

我们最近经常使用的是 Signal 软件。这是一款具有类似 LINE 功能的信息收发应用程序。该软件使用方便，安全性也很好，免费而且没有广告。

另外，作为项目管理工具，Trello 软件值得推荐。Trello 的特点是，每个项目或任务都用卡片的形式来标记，操作直观，免费插件一应俱全。

虽然有各种各样的工具，但用好才是最重要的。如果一味选择功能好但不适合自己的工具，反而可能导致效率降低。

用文字沟通是为对方考虑

在亚马逊，有急事的时候，很多人用聊天工具来联系。正如之前所述，亚马逊非常重视书面文化，所以使用聊天工具时，基本上都用文字进行交流。在此基础上，如果有必要，再打电话或者见面谈。

虽说这样，紧急情况下未必一定要用文字沟通。亚马逊有位员工曾发生过一次工作失误，就是把价值 10 万日元的电脑以 1 万日元的价格卖掉了。对于这种情况，就应该马上向领导报告。但是，如果不是特别紧急，联系领导时可以先发个短信息打声招呼，得到回应后再详细沟通。

为什么要提前发信息联系呢？这是因为，突然跟对方直接联系的话，对方可能因为手头有事而不能马上给出满意的答复。另外，对于不是很重要的事情，直接打电话沟通可能无形中会浪费别人的时间。一般情况下，亚马逊几乎所有的员工都随身携带笔记本电脑，可以随时浏览邮件，使用聊天工具。所以，即使对方不在办公桌前也能看到文字消息。总之，文字能够提高沟通效率。

协商内容要书面化

另外，留下文字记录很重要。即使是谈话中决定的事情，之后也一定要用邮件发送像“按照刚才的沟通，我们决定这样做”的报告。不仅企业内部要这样做，和企业外部的合作方以及客户沟通，也必须这样做。

顺便说一下，现在很多人没有固定的办公场所，不像之前每个员工都有自己的办公桌，办公桌上有白板，可以把想说的话写在上面。

根据使用目的，选择合适的工作手段。

新的工作模式与工具不被接受怎么办?

将工具运用写入个人目标

当推行统一的工作模式与工具时，首先要让员工接受。为此，宣传制度化的好处，并积极在团队内部执行是关键。还有一个推行的办法，就是让每个员工把能够统一使用的工作模式与工具写进个人目标里。

在亚马逊，很多员工都有过忙于和大量客户进行邮件、电话沟通的困扰。所以，有人提议通过导入工具来解决。当然也有人持反对意见，觉得现在的方法没什么不好。但领导最终排除阻力，将“能熟练运用业务工具”纳入全体员工的工作目标中。于是，这种规则慢慢被大家所接受并认可。

找到员工不接受新工具的原因

从目标管理这点来说，最好让那些想全面推广此机制的人将接受并运用这一机制写入个人工作目标。比如，他可以将目标设为“提高使用这一工具的人数比例，由现在的 30%提高到 90%”。

定下这个目标后，推广者要每周或每月检查新工具的使用状况，了解接受新工具的人数比例。如果无论如何都不能达到 90%的目标，就要分析具体存在什么问题。假如是因为工具的使用体验不好，对于本企业自主研发的工具就要进行改良；对于从市场上购买的工具，就要讨论更换的必要性。一直这样反复查找问题，并一个一个加以解决，直到这一做法被大家接受。

将“让员工接受并使用工具”写入工作目标。

如何应对团队内部的突发情况？

在管理团队的过程中，无论如何都避免不了突发情况。例如，当网站出现漏洞，接下来该以怎样的速度处理这件事变得尤为重要。

针对突发情况，为了能够马上采取适当的应对之策，亚马逊制定了不同类型问题的重要程度清单。如“服务器掉线了”“无法访问网站”等情况，对运营线上购物网站的亚马逊来说是致命的，所以这些问题的重要程度自然很高，需要马上处理。而“网页显示部分错乱”“文章有部分错误”这样的情况，因为不影响客户购物，所以重要程度较低，24 小时内解决就可以。

另外，事情的重要程度决定了应该由哪个级别的领导介入。比如，亚马逊规定，如果出现的问题重要程度很高，董事会应介入解决；如果重要程度较低，董事会就可以不介入。也就是说，解决一些重要程度高的问题时，需要由上级亲自指挥。如果因为沟通协商已经花费了大量时间，这时领导要直接指定负责人来接管这项业务。

为了能够在没有上级在场的情况下，也能妥善地解决问题，公司要事先定好这种情况由谁代为指挥。另外，在突发事件发生并得到解决之后，为了发生类似情况时更好地解决问题，公司要商定这一事件的重要程度，并将其添加到重要程度清单里。

优先解决重要程度高的问题。

怎样分配时间，能使团队工作更加有条理？

前面提到，出现问题后，应先处理重要度高的事情。同样，在平时的工作中，也要从重要度和紧迫度高的工作着手。

分情况来说，安排最先处理的事情应同时具有较高的重要性与紧迫性，然后处理不太重要但比较紧迫的事情，最后处理不紧迫但重要的事情。给事情做好区分非常重要，所以尽量每天拿出点时间来做这件事，或者每周抽出几个小时来做这件事。最好在工作日程安排中，留有排序的时间。

公关等非业务部门要根据业务的重要度来安排工作。公关部门不能因为人力有限，就轻易安排那种有损员工身体健康且缺乏计划性的工作。如果实在有紧急业务，可以适当采取外包方式加以应对。

亚马逊会给外包服务人员提供与内部员工一样的工作环境，同时努力为他们创造不断成长进步的条件。这是因为，随着外包服务人员能力的提升，他们的工作效率也会提高，因此也能承担难度更高的工作。采取一切方法助力企业发展是亚马逊的使命之一，所以在找到可用人才的时候，可以让领导增加预算，支持业务外包。

从重要度与紧迫度高的工作开始处理。

在追求速度的时代，“重量不重质”对吗？

做最好的商品

对于“重量不重质”与“重质不重量”这两种做法，很多企业选择重视产量，而亚马逊坚定地选择后者。亚马逊致力于传播每一个美好的故事和正确的信息。

亚马逊最具特质的一个信条是：为客户创造最好的东西。一听到为客户创造最好的东西，或许大家会自然地认为这是理所应当的，其实不然。因为亚马逊追求的是最好，而不是更好，所以这是一件非常了不起而且很难的事情。

思想发生动摇时，想一想企业信条

但是，效率也非常重要。如果一味追求品质而导致进度落后，企业也很难有好的发展。

在亚马逊，时常有人提议，既然其他企业都这么做，我们是不是也可以这么做呢？这时要回头想想企业信条，再来考虑这么做对客户来说是不是最好的。如果不是，就不能优先考虑进度问题。因为这样做会偏离企业发展的轴心。

正因为设立了这样的信条，所以不管别的企业怎么做，亚马逊都能一如既往地努力为客户创造最好的东西，并实践着“重质不重量”的信条。

秉持“顾客至尚”的信条，把“重质不重量”放在首位。

其他企业提供的服务更好，该如何应对？

如果竞争对手提供了卓越的服务

当竞争对手推出了比自己公司更优质的服务时，很多人会着急，虽然亚马逊不想与其竞争，但亚马逊一直关注着其他企业更新了什么服务。例如，在亚马逊购买的商品，原则上 30 天以内都可以退货。即使超过 30 天，要退货也是可以的。如果货品已经使用了的话，还可以半价退货。

有一次，一位员工收到一封邮件，得知其他企业把退货期限定为 60 天以内，于是他对内共享了其他企业的这一做法。大家认为这个问题很重要后，一起讨论对策。有人提议“亚马逊也将商品退货期限改为 60 天”。最后，领导接受了这一提议，并让财务部门调查如果延长退货期限对企业财务的影响等问题。

激烈讨论“单向门”决策

另外，延长退货期限是客户体验的一大变化，因此被认为是“单向门”决策。为此，日本亚马逊的首席执行官与国际业务部门的副总裁也开了会。

会议中，针对提议“为了与其他企业保持一致，我们也要设定相同的退货期限”，有人问道：“虽然其他企业改为 60 天，但亚马逊这么做有好处吗？现实的退货情况到底是怎样的呢？”回答是：“退货的客户多数是在一到两周内退货，但也有极少部分客户在 30 天或 60 天时退货。所以，将退货期限改为60天没什么问题。”这时领导又问道：“但是，也有客户在 60 天后退货，这种情况难道就不考虑了吗？”其实，即使退货时间再延长，对企业财务上的影响也很小，客户也会很乐意，所以有人提议：“那么，将退货期限改为 120 天怎么样？”甚至有人建议：“若是想调整得更大些，要不就改为 365 天怎么样？”之后，没人对此建议表示反对，于是亚马逊就将退货期限定为了 365 天。

客户体验至上的精神

为了不输给竞争对手，我们直接照搬别的企业的做法，乍一看是正确的，但这样做的出发点不是为了客户着想。

实际上，客户对退货期限的要求不是 60 天，他们也许认为时间再长一些更好，又或许认为时间再短一些也可以。不管是哪一种，亚马逊并不是因为其他企业这样做才去做，而是抱着做真正对客户有益的事情的精神来开展工作。

不照搬其他企业的做法，而是始终追随客户的需求。

AMAZON
のすごいマ
ネジメント

第 4 章

让团队信息通畅的“组织建设”法则

如何跟进交给员工的工作?

领导向员工移交权限时，有时会变成所谓的全权委托。为了避免发生这种情况，定期跟踪检查非常重要。

之前讲过亚马逊的业务目标和行动目标。在一对一会议上，需要对这两个目标进行报告和讨论。

检查业务目标，其实就是检查工作结果，来确认目标的完成情况。如果检查全程都在问责员工没有完成目标这件事情，这个会议的作用就没有得到发挥。所以，如果员工没有完成业务目标，上级就要及时跟进，指导员工完成预定目标。

在每周一次的一对一会议上，如果发现员工的业务目标没有进展，那就看他的行动目标完成情况。

行动目标的进展程度，也会影响业务目标的完成情况。确认员工行动目标完成度的同时，上级要给予指导，比如加强推进某部分工作或许能完成业务目标。所以，一对一会议最大的目的不是确认业务目标，而是确认行动目标是否进展顺利。

另外，让员工定期汇报工作情况，可以督促他加紧开展业务。因此，及时检查员工的工作进展情况非常重要。如果员工工作停滞不前，最好增加对他的检查频率。

认真评价员工的工作是领导的重要职责。在亚马逊有一个根深蒂固的观点，那就是领导首要的工作是为员工的成长提供帮助。所以，为了留出时间与员工面对面交流，领导也要安排好自己的时间。

不仅要检查员工的业务目标完成情况，还要检查行动目标完成情况。

怎样制定规则能让会议发挥出作用？

不许带电脑的目的

会议规则是指会议或集会场合下理所当然的做法，亚马逊也有会议规则，比如不要看着电脑说话等。乍一看，可能会觉得这是一个带有孩子气的规定，但是说话时看着对方，不管什么场合，都是非常重要的一个礼节。这个规则源于领导力准则的“赢得信任”方针。为了建立与他人的信任关系，亚马逊要求员工遵守这样的规定。

与此相关的一条规则是不许带电脑。在亚马逊，大家经常随身携带电脑，但在演讲或以听为主的会议上，为了让大家专注于讲话内容，所以制定了这样的规则。

并非所有团队都需要制定这样的规则。重要的是，每个团队要制定相应的一些基本规则并加以执行。

制定基本规则的诀窍是要切合会议目的。例如，需要集思广益的会议，如果议题过于聚焦而束缚大家的思路，好点子自然会少。所以，要将重视“远见卓识”方针、激发源源不断的新奇点子，置于企业发展的优先位置。

如果经常出现团队成员不发言，只有负责人一个人讲话的情况，最好制定一些硬性规则，比如每人必须发表一次意见；如果别人提出了意见，让其他员工发表自己的看法等。

根据会议目的制定规则。

如何与低效会议说再见？

减少无用会议的诀窍

有传言说日本企业的无用会议很多。那些纯属浪费时间的会议是降低工作效率的重要原因，所以谁都想避开。

亚马逊有时也会举行人数多达 30 人的会议。这种会议是不会给所有人发言机会的。所以，需要在会议前讲清楚本次会议的目的是什么、要决定什么，或是要发布什么信息等。只有这样，参会人员才能有的放矢。

提前拟定会议目标，通过参考员工积极提出的个人意见，可以产生一个好的会议结果。我们常常认为，要想将 30 人规模的会议办成让所有人都能发言的有用会议非常难，但也不能任由其发展为一个无用的会议。

参与会议讨论很关键

以服装事业部为例，开会时，将参会人员分成男装组、女装组和运动装组，并让各组就近一周来的业务开展情况发表看法，比如男装组发生了什么新情况、女装组做了什么事情等。

举办这种会议不是为了汇报工作，而是为了分享从最近成功或失败的经历中学到了什么经验。比如，为了将其他团队成功的经验运用到自己团队的业务中去，有的团队成员会问："这是怎么做到的呢？"所以，不同于只作报告的会议，这样的会议形式能使参会人员自发地发表想法。

好的会议能够助力实现既定目标。

写会议记录的诀窍是什么？

亚马逊会议记录的秘密

亚马逊要求会议必须有记录，上面需要写清谁在什么时间之前要做什么事，而且下次开会时会先检查上一阶段任务有没有完成。这对提高工作效率至关重要。

很多企业的会议记录可能只写了该会议决定了什么事情。可是，明确在下次会议之前应该做什么，下一步安排是什么，清楚地在会议记录上记下来，同样非常重要。

如果有的企业在之前的会议记录中不曾记录过下一步安排，建议今后要将此内容放进去。

由谁来做会议记录

在太田的团队里，会议记录的工作是由所有人轮流负责的。所以，每次会议负责记录、计时、主持的人都不一样。这样一来，每个人都能了解其他岗位的工作内容，也能学习会议记录的方法以及主持会议的技巧。

也有很多时候，会议的人员安排是固定下来的，比如上级负责会议主持，年轻人来做会议记录等。这可能是因为不同的人适合的工作不同，但积累不同岗位的工作经验对个人的成长有重要作用。比如，上级亲自来做会议记录的话，他可能会对会议有新发现。

明确下次开会前需完成的“下一步安排”。

会议由谁来主持效果最好？

领导未必是合适的会议主持人

很多企业开会是由领导主持，但在亚马逊，负责主持会议的是项目负责人。也就是说，会议内容是关于哪个项目的，会议主持人就由那个项目的负责人担任。而且，领导要随时为会议主持人提供支持。

不过，这也不是绝对的。也有团队将会议主持的任务交给财务人员等擅长主持会议的人。

会议主持人的重要职责

如果团队里有人擅长主持会议，那么交给他做也是可以的。必要的话，也可以请求其他部门支持。

当团队成员不擅长主持会议时，也可以请求人力资源部门介入操办。

会议主持人的作用是引导参会人员发言，并创造自由发言的气氛，推动会议顺利进行。因此，会议主持人最好由项目责任人或擅长的人来做。

要注意的是，需要执行信息收集与反馈工作的人，不要做会议主持人，要营造一个能够让他集中精力总览会议全局的环境。

会议主持交给项目责任人或擅长的人来做。

怎样引导参会者发言?

分享成功事迹

本来希望讨论热烈一些，但几乎没人发言。对这种情况，主持人可以在会议中让大家分享自己的成功经验，比如最近顺利推进的事情、完成的工作以及新发现等。不管多小的事情都可以，只要是最近的成功事例都可以聊一聊，然后大家用 10 ～ 15 分钟的时间来讨论怎样才能复制这种成功的经验。

会议讨论没有顺序要求。有些员工可能没有什么成功事迹，那可以让他说说个人经历。即使是日常生活中的小事，有时也能从中学到东西，所以都可以拿出来分享。曾有员工抱怨回转寿司的操作盘不好用，然后大家就开始讨论好的操作盘是怎样的。

员工乐于分享成功事迹，而且任何企业都可以采用这种交流方式，所以务必尝试一下。

引导大家分享经历

开会这件事很容易变成领导的独角戏。为避免出现这种情况，可以从企业的愿景与使命谈起，然后由此让员工来聊聊自己想做什么、曾做过什么等，聊失败的经历也可以。所以，要给员工创造机会，让他们说出自己曾经的经历，以及从中学到的东西，并分享给大家。设置“成功事迹分享”或“企业愿景展望”这样的话题，让员工交流真实经历，是值得推荐的会议主题。

让参会者分享个人经历。

如何处理意见不一致?

不提折中方案

很多企业容易出现这样的情况：虽然开了会议协商，但仍没能达成共识，迫于时间紧张，就拿出了一个折中方案。但是，亚马逊在任何情况下都不会这样做。

亚马逊会通过会议进行全面的讨论，直到别无选择的时候再做决定，不会半途而废。另外，不管讨论有多激烈，都一定会拿出讨论结果。如果不能，就延长会议时间，或者另找时间再开会。

安排协商时间的要点

需要另行安排会议的时候，要尽早做决定。需要高层参加的话，在本次会议的最后要公布下次会议的大致时间，并敲定会议安排，同时尽量避免将会议安排在一周以后的某个时间。会议时间定好后，领导无论多忙，对于必须决定的重要事情，都要抽出时间。

如果当天没能做出最终决定，可以采取过程跟进的做法。过程跟进就是安排好“关于这件事，什么时间之前由谁来做”。然后，在下一次会议上检查任务是否得到有效执行。

深入思考直至别无选择。

没有思路时如何找到突破口?

与其他部门加深交流

在亚马逊，不能只了解自己的工作，也要了解其他部门的工作，多听取不同部门同事的意见。因为这些意见能激发自己的灵感。

为了加强不同部门间的交流，推荐午餐会议（也叫棕色袋子会议）方法。在美国买午饭时，可以将食物装在棕色纸袋里，因此得名“棕色袋子会议”，意思是边吃午饭边举行的会议。

亚马逊的午餐会议，任何人都可以参加。因为会议是边吃边进行，所以讨论的气氛非常轻松。

午餐会议的好处

午餐会议的优点是沟通顺畅。另外，因为很多参会者是外部人员，所以有时会提出一些内部员工之前没想到的点子，或者以完全不同的视角提出一些尖锐的问题。

在思路陷入僵局的时候，或者想打开思路的时候，可以积极地咨询其他部门员工的意见。

建议和其他部门的人一起举行午餐会议。

如何培养员工的责任感？

根植于亚马逊的提问文化

在很多企业，经常看到上级命令下属做这个、做那个，但亚马逊不会这么做。不过，这并不是说亚马逊对员工的业务进展情况毫不过问。

包括贝佐斯在内，亚马逊的提问文化是根植于每位员工心里的。上级不会直接命令下属“做这个”，而是会询问他：“关于这个问题你怎么想？”于是，员工会主动寻找答案。这种提问文化是增强亚马逊员工责任感的主要原因之一。

如果员工说：“我想做这个！”领导就要反复问他：“为什么要做这个？”“做了这个会有什么结果？”“客户确

实需要这个吗?”找到这些问题答案的过程，也是员工成长的过程。

要改变“听命行事”的习惯

亚马逊非常重视员工的责任感，因此亚马逊的员工不存在只做领导安排的事情这种想法。虽然有时也能听到上级问下属：“做不做这个项目?”但基本上是以下属主动向上级汇报工作为主。

如果员工养成了得到命令才做事的习惯，当被问到“为什么要做这件事”时，员工就会回答：“因为领导要求做的，所以才做。”所以，比起命令文化，提问文化更容易培养员工的责任感。

针对员工做的工作提出问题。

如何分配项目和新业务？

让提议人做负责人

在会议上很多人会提出“这样做怎么样”。对此提议，亚马逊的领导大多会说：“很好，那么就请你来做这件事吧。”另外，在设立新业务时，大部分情况下也是由提议人来当项目负责人。如果提议人有太多其他业务的话，就会组建团队替他分担任务，或者把新业务交给别人负责。

亚马逊有一种专项领导制度。“专项”是一条线的意思，指的是不兼管其他项目，只专注于一项业务。也就是说，项目的提议人基本上会成为负责人。但根据项目的大小、提议人当下的工作量与能力水平，新项目的负责人也可能会有变化。

精英人才的岗位安排

策划新项目时，有时是由一个团队来做。在这种情况下，可以让领导能力强的人来担任负责人，集中精力启动项目。

在日本的企业中，也有新业务不交给精英人才的情况，因为领导想让他们负责成熟业务。但是亚马逊则认为，正因为是优秀的人才，所以才将新业务交给他们，作为他们进一步成长的锻炼机会。

当新项目步入正轨、业务扩大到一定程度时，就需要投入更多的资源，增添必要的成员。所以，项目负责人这时提的要求几乎都是需要资源，不过提要求也是工作的一部分，可以避免因资源不足导致项目无法顺利推进，或者项目负责人因工作繁多而无法做出正确判断，或者出现其他难以顾及周全的情况等。

选择合适的业务人员很重要

另外，分配业务时要选择最适合的人员。

例如，在开发时尚品牌的后台操作系统过程中，负责开发系统和商务沟通的人一直都是项目的核心。当准备品牌宣传资料时，因为要建立最完善的系统，所以宣传资料也要做到最好，为此可以请专业的设计师加入项目。

一般由提议人担当负责人。根据项目内容及推进情况增添必要的人员。

如何激发员工的领导力？

没有永远的下属

前面讲过，亚马逊所有员工都是领导者。话虽如此，但职务上的领导并不是没有，而且在开展项目的过程中，一定会有项目领导。

所有员工都是领导者，换句话说，就是没有永远的下属。这就是所谓的领导权共享，是从分享领导权中衍生而来。日本立教大学经营学系教授石川淳说，领导权共享是指“团队成员在必要时发挥了领导作用，不管他当时是什么职位，其他成员都要听从他的安排”。也就是说，当某人展现出领导力的时候，其他人要听从并支持他的决策。所以，即使是在助理职位上的人，也不会一直是辅助者的角色。

助理也可以发挥领导力

有些人可能会有疑问：“助理怎样才能发挥领导力呢？”

在亚马逊，助理的职责是将需要帮助的人视为客户，并提供服务。比如，团队助理要把团队成员视为客户，并为团队成员提供最优质的服务。

假如助理提议：“今天太热，大家都没有干劲儿了，午饭就吃烤肉便当吧。”这时，助理就通过提出建议的方式发挥了领导作用。因为买便当这件事，不是助理听从了谁的命令才做的。这样想来，即使是助理这样的职位，也能发挥领导力。所以，不管是何种职务的人，只要清楚自己的客户是谁，并带着服务意识为他们工作，就是领导者。

场合不同，担任领导角色的人也会变化

虽然刚才提到的买便当只是一个小事，但是员工通过不断的积累，也能培养出领导力。其实，不同的场合，担

任领导角色的人也不同。也就是说，不是某个人就应该当领导，而是每个人都有成为领导的机会。从这个意义上来说，亚马逊没有所谓的“等待命令的员工”。

让员工清楚自己的客户是谁，并为其服务。

领导如何对待有个性的员工?

与众不同并不是坏事

Peculiar 的意思是与众不同、独特等。在亚马逊工作，不需要收敛锋芒，甚至可以说，亚马逊希望员工把自己与众不同的地方展示出来。

领导不会认为员工有个性不好，反而认为与众不同可能会成为应对多样化需求的巨大力量。因此，领导会为了发展每个员工自身的个性，而培养并激发他们的领导力。

员工的个性是企业的财富

亚马逊的客户类型多种多样，包括学生、家庭主妇、公司职员、商务人士等，不分性别、年龄、职业、国籍。他们的个性不同，价值观也不同。所以，如果总是由40～50岁的高层领导决定业务内容的话，就难以满足客户多样化的需求。因此，让每个员工提出个性化的意见是非常重要的做法，这些意见对企业来说也是一种财富。所以，当发现员工展现出与众不同的特质时，不要想着消除它，引导并发挥其作用才是最需要做的。特别是像亚马逊这样客户类型多种多样的企业，更应该尊重员工的多样性。

发挥员工与众不同的地方。

领导参会时应该坐什么位置?

什么位置都可以

亚马逊开会时，没有某个人一定要坐在指定位置的规定，因此，大家坐在哪里都可以。另外，亚马逊会将会议桌设置成圆形或者“口”字形，这样所有人都容易加入。根据会议议程和参会人员情况，太田会把会议的焦点人员安排在领导面前，然后自己坐在旁边，随时给予帮助。除此之外，谁想坐在哪里都是自由的。

当然，也存在一个人总是坐在固定位置这种情况，总体来说开会时大致的位置是固定的。

不被规则束缚

有的会议的座次是提前定好的，但座次不会不顾具体情况地简单决定，比如因为是女性，所以坐在前面或后面；年轻人坐这里，领导坐那里等。

在亚马逊工作，不需顾及周围人的年龄、职务、性别等差异。因此，即使董事长乘坐电梯时，也会有员工同乘（这是极端的例子，最好还是不要这么做）。

顺便说一下，在日本，让领导到房间坐正座也很普遍，但是在亚马逊，领导一般坐在门口。这是因为靠门的位置是最晚进来、最早出去以及比较忙的人容易选择的位置。

开会时的座次基本上是随便坐。

如何决定由谁来负责某一部分工作？

员工的权限与领导的作用

应该由谁来做什么，做到什么程度，以及可以做什么，安排这种事情并非易事。近年来，明确规定员工业务范围的职务型制度越来越普及，亚马逊也采用了这种制度。职务型制度规定了员工的工作内容与权限，所以员工的工作内容非常明确。

但是，虽然权限规定好了，但领导也不能完全放任不管。亚马逊即使给了员工一定的权限，领导也会经常了解该员工正在开展什么业务，做了何种决策。如果发现了问题，领导就要及时给予建议，指导他改正。

明确业务范围和权限

太田入职亚马逊后也采用职务型制度，岗位职责里面记载着自己的工作内容和权限。上级只会说“有困难的时候请跟我说”，而下属要好好完成工作汇报与信息分享，这些事基本上需要下属自己来考虑，实在需要上级的建议时再请求帮助。

例如，在服装等事业部，采购的团队里有很多人，每个人都负责固定的品牌。虽然自己不是经理，但关于那个品牌的效益管理等所有的工作，都由自己负责。

职务型制度明确了每个员工的业务范围与权限。

远程办公的沟通诀窍是什么?

及时回复尤为重要

远程办公现在非常普遍。发送群聊消息时，有人会及时回复，但也有人没有任何反应。虽然加上已读标记后，可以知道对方是否看到了信息，但很多人还是希望得到及时的回应。

如果没收到对方的回复，可以直接询问他：“没收到您的回复，所以特来确认，工作进展还好吧？”如果对方回答：“没有回复，十分抱歉。工作正在有序推进。”这时可以简单回道：“知道了。不过，下次还请务必回复消息。”

随着远程办公成为工作主流形式，很多工作的开展将以通信聊天为中心，这时，切实做好沟通比以往任何时候都重要。即使有时会纠结："对方也很忙，每次让他给我回电话，是不是不太好""还有几个人没回复信息，怎么办呢"等，但为了确认信息是否确实传达到了，还是需要积极地询问一声。当然，当别人发信息之后，自己一定要回复消息，这是必须做的。

充满活力的群聊氛围

为了让群聊气氛活跃起来，最好明确"谁"负责"什么"，然后指名提问。

除此之外，也可以像"如果有人知道这件事的话，请务必告诉我，非常感谢"这样，明确说出自己的期待，也是一种活跃气氛的方法。有求必应，有问必答如果能成为企业文化的话，那是最理想的结果。

营造群聊有问必答的氛围。

如何让员工安心远程办公？

很早以前，亚马逊就采取了完全弹性制的工作时间，易于进行远程办公。因此，何时何地工作取决于员工的个人安排。上级不会因为下属没来上班就问为什么没来，但是上级会和下属取得联系，了解他目前在做什么。

亚马逊一直都是远程办公。但是有一些对远程办公持消极态度的企业担心，远程工作存在员工时间安排冲突与沟通不足等问题。

这种情况就需要有效发挥聊天通信工具的功能了。在亚马逊，虽说员工上班时间是弹性的，但他们之间的交流并不少。线上会议和聊天工具等提供了良好的沟通环境。

目前太田在尝试保持 Zoom 联络。通过这种方式，即使某一方长时间不在线，有人想问什么问题的话，只需在Zoom 中简单留言即可，等双方都方便的时候，可以立即视频答复。

另外，和开放制度一样，建立一个可以与领导随时沟通的环境，员工也会安心。

充分利用聊天工具保持随时沟通。

办公室怎样布局能提高工作效率？

开放的空间利于交谈

办公室布局对工作效率有很大影响。因此，亚马逊深刻地意识到要减少无用的设计。

例如，在办公室中间放一张带白板的大桌子，大家随时可以搬把椅子就能围在一起马上进行讨论。所以，即使不预约会议室，也能在开放的环境下进行工作交流，非常方便。另外，虽然给董事及以上职位的人配置了单独的办公室，但他们办公室的门经常是打开的，有事的人可以随时进去找他们交谈。这也被称为“开放政策”。

符合工作需求

另外，没有所谓的像“岛”一样的办公室布局，也是亚马逊的特征之一。“岛”指的是按照部门和科室划分办公室，将同一部门、同一科室的人安排在一起的布局。

工作不是只凭某个科室或部门就能完成。例如，亚马逊是一个由采购、策划、销售等多种岗位构成的企业，又是一个由多种可细分的领域串联起来的组织，就像服装领域可分为女装、男装、童装等。即使是采购，也不能只把采购员组织在一起，还要把同一领域的相关人员都组织在一起。这种情况下的办公室布局可以根据需求灵活变动。另外，财务等部门也会提出不同的要求，比如因为经常需要接打电话，所以希望隔音。

办公室布局一般要开放且符合工作需求。

工作时穿什么风格的衣服合适?

在亚马逊，员工可以自由着装，既有西装笔挺的人，也有穿着 T 恤和短裤的随性之人。如果从业务种类来看他们的着装，甚至有的人看上去像是其他企业的员工。

2007 年，亚马逊日本发布亚马逊会员服务的时候，贝佐斯也来日本参会。当时很多人穿着短裤和沙滩凉鞋来酒店参加发布会，酒店的工作人员吃惊地说：“这到底是什么聚会呢?”但是，虽说在亚马逊有着装自由，但前提是要遵循 TPO 原则，即着装要考虑到时间（Time）、地点（Place）、场合（Occasion）。

员工如果和亚马逊之外的人见面，要穿不会让对方产生不悦的衣服。亚马逊云科技的员工在工作时一般穿着整齐的西装，工程师一般穿运动套装等，还有很多员工穿着便于工作的服装。所以，业务种类不同，适合的着装也不一样。

从事对外工作的员工，衣着要体现出对别人的尊重。比如，太田负责鞋业务的时候，就要在穿鞋上非常用心，因为很多客户是日本的企业，所以最好穿日本品牌的鞋。另外，如果在保健美容部门工作，因为很多大企业的客户平时几乎都穿着西装，所以自己也要穿正装。

但是，服装部门的情况就不同了。因为很多客户都穿着代表各自品牌的潮流服装，所以如果员工穿着正式的西装去谈业务，反而不能让对方敞开心扉地畅所欲言。

员工的着装会根据所在部门及业务对象的不同而发生变化。也就是说，要选择符合行业礼仪的服装。

谨记选择尊重对方的得体服装。

如何调动团队成员的积极性？

创造能够发表意见的环境

在日本，女性管理人员一直没有增加的原因之一是没有建立一个安心和安全的工作环境。也就是说，日本的企业尚不具备欢迎她们发表意见的环境。

会上，大嗓门的人总能轻而易举地拥有话语权。在这样的环境中，说出自己的意见非常需要勇气，所以很多人想发言却又感到害怕，因为万一被拒绝的话会很尴尬。因此，营造一个任何年龄、职务、性别都可以自由表达的氛围是非常重要的。

在亚马逊工作的时候，小西非常关注企业对差异性的尊重。

小西所在部门通过社会招聘录用了很多人，以 40 岁左右的员工为主。有一次，部门招聘了一位年轻人。他可能因为认为自己是个新手，所以不太敢发表自己的想法。小西为了让他更快地适应环境，于是给他安排了这样一个任务：“希望你在每周的会议上发表一下你对企业某些报道和其他事务的个人看法。”这样在每周的交流过程中，他能自然而然地担起责任，同时也能让年纪大点的员工了解年轻人的想法。

尊重员工差异性

亚马逊的领导会给所有人发言的机会，并且无论员工提出什么意见，都不会被轻易否定。因为如果否定的话，就偏离了公司的理念。除此之外，当意见不一致不得不否定对方时，也一定要尊重对方。领导者不应该说“那不行”“不能用”这样带有贬低含义的话语。

亚马逊开展了丰富多样的业务，仅靠老员工出谋划策是无法满足客户需求的。因此，为了动员全体员工都来思考怎样才能满足客户的需求，亚马逊努力营造让员工自由发表意见的环境。明明有很多人，却只有一部分人发表意见，被认为是一种人力资源的浪费。

如果能够调动团队成员的积极性，就能提高生产力和工作效率。所以怎样才能让每个人都活跃起来，如何营造每个人都能踊跃发表意见的环境，是每个企业都应该考虑的事情。

创造安心和安全的环境，尊重每一个人。

AMAZON
のすごいマ
ネジメント

让团队日益强大的“人才录用”法则

如何确定招聘标准？

每个团队都有需要加强的地方。为了弥补短板而招聘新员工时，首先要确定好新员工负责的工作内容和必要的能力水平。另外，还要明确工作量有多少，难度有多高，通过这些指标来决定所招人员的能力水平。

顺便说一下，亚马逊建立新的组织框架时，会从上往下先定部门经理，再定主管。实在招不到合适的人才时也会反向进行。不过，一般都是从上级开始，先定好部门经理的职责范围，然后再定主管的职责范围。

在招聘职位介绍中，要明确定好具体工作内容。例如，如果招聘采购人员，就要考虑在他的业务能力要求中，备货战略的规划与执行力占多大比重，定价能力又占多大比重等，然后再考虑他对工作的胜任能力（可以参考此岗位成功人士的共同特征），比如需要“有设想能力”“会做商品供应计划（数据管理）”等。最后，考虑他的工作经验，最好限定工作经历的年限等。

在亚马逊的招聘简章中，除了必要的能力，具体的业务内容也写得相当详细。另外，也定好了不同职务的量化考核目标。

从业务范围和能力水平来考虑所需人才的必要条件。

面试时应该如何考察人才？

通过循环提问多方位评价

到底该使用怎样的标准来评价面试人员，不仅是亚马逊，也是大多数企业的难题。

很多人认为，面试是人事部门的事情，但在亚马逊，如果有人提议需要招聘公关部门的经理，那么这个提议人就会成为招聘经理（决定人才录用的人）。接下来，招聘经理会请求其他员工协助，在面试时让他们负责循环提问的环节。

首先由招聘经理进行面试。在这个阶段，如果应聘者被认为不符合要求的话，就可以直接做出不录用的决定；如果评价意见为录用，那么面试就进入循环提问环节。

在循环提问环节，每个面试官都会对应聘者进行提问。每个面试官会各自围绕领导力准则中的某一项，提出一些能够考察应聘者能力的问题。通过循环提问，面试官能对应聘者有一个全方位的认识。循环提问环节的面试官在面试的过程中，要详细地记下应聘者对这些问题是如何回答的。如此一来，面试结束后就有了应聘者的很多评价资料。

举行招聘会议做最后决定

另外，循环提问环节还要从领导力的视角评价面试人员是否达到了团队目前的能力门槛，所以团队负责人也要参与面试。循环提问结束后，全体人员要聚集在一起，举行最后的招聘会议。会上，大家一起讨论应聘者的优点和缺点，并决定是否录用。另外，还会讨论一些其他问题，比如“这样的回答是否有责任意识”“这样的回答有没有遵循‘远见卓识’方针”等。

此时，即使不是所有人都同意录用，但应聘者的能力达到了标准，而且大家也没有什么特别大的顾虑，也会予以录用。当大家对录用存在顾虑时，就需要看应聘者入职后为改善现状会设定怎样的目标，同时管理者又能够提供多少帮助。相反，即使所有人都想录用应聘者，也可能因为有人质疑应聘者对于应该加以重点说明的“刨根问底”方针解释得并不充分而不录用他。

初次面试不筛选人

从这个意义上讲，也可以认为亚马逊和其他企业的招聘方式一样，有初试和复试两个环节。但是，亚马逊的特征是，初试并不是为了筛选人。

当然，亚马逊的招聘也是最初由招聘经理判断候选人是否适合亚马逊。但是，亚马逊的面试不是在缩减人数，而是始终在确认面试者是否符合标准。实际上，符合标准的人并不多，所以在初试环节就拒绝了相当多的人。

向亚马逊推荐人才的猎头们也很清楚，亚马逊向来重视员工的领导力。所以他们会用领导力准则来评价人才。

如果猎头发现一个很好的人选，这个人很有担当意识，便会推荐给亚马逊。

当然，应聘者也有凭借工作经验而获得猎头推荐的。但是，越是有经验的猎头，越会根据应聘者的领导力水平来推荐人才。这样一来，亚马逊的招聘执着于应聘者的领导力这一点，就传遍了整个行业。

亚马逊会多视角评价人才。

筛选简历时重点看什么？

只看简历很难评价领导力

筛选简历时应该看什么呢？亚马逊一般通过简历来判断应聘者是否能很好地完成业务目标。因为领导力是无法在简历上展现出来的，所以会通过面试来考察。实际上，有些人的简历得到了很高评价，但面试时的领导力表现却不怎么理想，而有的人光看简历平平无奇，但在面试中能让人感受到很强的领导力。

公关部门在招聘人才的时候，作为领导力考察的要素之一，他们会看应聘者对亚马逊做了多少调查。因为从业务性质上来看，公关部门需要在充分了解对方的基础上做出应对之策。了解到应聘者对亚马逊做了调查，就可以期待该应聘者在工作中大显身手。若是应聘者再表现出积极融入工作，如“对此我也有同感，但是还有改善的余地。因此我做了这个替代方案”，就会得到更高的领导力评价了。

另外，如果应聘者能提出很多好问题，说明他很认真地考虑并准备了这次应聘。这都可以成为评价领导力的加分项。相反，如果应聘者应聘的是部门经理等高级别职位，却没有提出问题，或者只问了一些无关痛痒的小问题，就会得到负面评价。这跟亚马逊的提问文化有关。

简洁的简历会给人留下好印象

无论工作经历多么出色，过长的简历会给人留下不好的印象。小西在亚马逊工作的时候，公关部门除了要看简历之外，还会让应聘者写一篇新闻稿。

通过新闻稿，可以看出应聘者是否具备客户立场和担当意识等。

如果启动新业务时需要招聘人员，要看这项业务的推进速度以及未来业务要做多大。这是因为，启动业务不难，难的是从长远的角度做大业务。更为关键的是，需要在不确定因素较多的情况下做出正确的决定，而且行动要快，并能从失败中学习经验，不断地调整业务规模。

另外，因为要以团队的形式开展业务，所以也要评价应聘者能否对其他员工带来好的影响，并令他们信服。从领导力准则来看，还要评价候选人的“崇尚行动”“决策正确”“最高标准”“达成业绩”“赢得信任”等能力。

通过简历可以考察应聘者的业务目标达成度。

面试官应该以怎样的心态进行面试?

亚马逊的面试时间是45分钟，时间并不是很长。面试时，面试官要做笔记，所以应聘者可能好奇对方一直在写什么。因此为了不失礼貌，会事先告诉应聘者面试官会做笔记。这样的话，应聘者也能放心地进行面试。

对亚马逊来说，应聘者也是优秀的客户。有幸得到应聘者对亚马逊的青睐，所以面试官不能给亚马逊"减分"。从这个意义上来说，面试是让应聘者了解企业的好机会。因此，领导在企业内部一直强调"即使不录用应聘者，也要尽量让对方认为亚马逊还不错"。

接下来分享一个失败的经历。小西刚进亚马逊的时候，因为手头工作很忙，不到30分钟就结束了对应聘者的面试。之后被人事部门批评：“请你带有诚意，多问应聘者一些相关问题。因为通知应聘者时说的是 45 分钟面试时间，如果 30 分钟就提前结束的话，对方会认为亚马逊对他不感兴趣而感到失落。”从那之后，为了让应聘者觉得亚马逊还不错，小西一直尽职尽责进行面试。

在亚马逊，面试者即使应聘一个岗位失败了，还可以继续应聘其他岗位。有人带着“虽然失败过一次，但我觉得这家企业还不错，所以想尝试应聘其他职位”这一想法再次参加面试，并最终入职了。

不管怎么说，像亚马逊这样的大企业，招聘工作不可懈怠，如果能通过招聘让更多人感受到亚马逊的魅力，就再好不过了。

面试是让更多的人了解企业的好机会。

录用同批最优秀的人，还是录用满足招聘标准的人？

招聘失败是因为努力不够

亚马逊对招聘有自己的坚持。亚马逊会在招聘上花费很多的资源，一般情况下能 3 个月决定录用人选都算时间短的。有时某个职位因找不到合适的人选，可能会空缺长达 6 个月。如果花了 6 个月还没招到合适的人就会取消招聘。但是，人才招聘和人才培养对团队及个人的发展来说都很重要，所以必须努力聘用到合适的人才。有时未能招聘成功也可以向上级申请延长招聘时间。但是，基本上是以争取招聘成功为第一努力目标。

为什么花了 6 个月未能招聘成功，就要停止招聘呢？亚马逊会认为“那个职位既然空了 6 个月都没影响工作进展，说明可能没那么缺人”。这个机制说严厉的确很严厉，但也让所有人意识到人才录用的考核重点是什么。

用尽一切办法招揽需要的人才

亚马逊在招聘活动中找不到优秀人才是不会放弃的。不过，要向上级说明没能招到人的理由，尽最大努力争取延期招聘。

招聘不成功可能是因为努力不够，比如过度依赖猎头公司等。其实也可以使用领英（LinkedIn）等招聘平台，积极向符合岗位要求的人才直接发送信息，也可以开展内推计划等。

另外，可以举行招聘研讨会，将各种招聘平台召集在一起，向大家介绍诸如“亚马逊的时尚事业部打算怎样开展工作”等，以期这些招聘平台能多多推荐人才。如果不做这些工作的话，会让人认为“亚马逊并没有多么想要招揽人才”。

顺便说一下，小西也是经过某猎头公司的推荐进入亚马逊的。当时亚马逊正值发展初期，社会上存在“不知道这个商业模式在日本会不会顺利开展”的质疑。当时猎头公司的职员一边热情地宣讲“亚马逊很有发展潜力”，一边展示有关亚马逊厉害之处的资料，让人甚至怀疑他就是亚马逊的员工。小西当时很吃惊。如果没有他那么热情的讲解，小西或许不会接受亚马逊的邀请。也就是说，创造一个能让猎头公司努力推荐人才的环境，也是招聘工作的重点。

在一般企业，如果录用不到想要的人才，可能会做出某种程度的妥协，但亚马逊绝不会这么做。太田刚开始参加招聘活动的时候，因为不了解情况，在第一次面试中选出了一个又一个的合格者，结果被面试负责人批评：“不是谁都可以。比如这个应聘者，这点就不符合要求。”

第二轮面试的面试官也是忙于自己工作的同时担任此工作的，如果第一轮面试放宽标准让不符合要求的应聘者进入下一环节的话，就会让他为难。那样的话，下次他可能就会质疑选拔标准。因此，第一轮面试必须仔细审查应聘者的条件，严格判断他是否可以进入下一阶段的面试。

很多企业往往会录用同批应聘者中面试表现最优秀的人才，但亚马逊不采用这种做法，而是看应聘者的能力是否超过了团队目前的能力门槛。因为即使把同批应聘者中面试表现最优秀的人招进来，但在实际工作中能力却跟不上，可能也难以获得发展。

贝佐斯一直说：“据说在硅谷的企业，很多员工会在入职一年半到两年内跳槽，但我希望亚马逊的这种情况至少在 5 年以后再发生。”也就是说，亚马逊从长远的角度招聘员工，希望优秀的人才尽可能长久地留在亚马逊，与企业共同成长。

为了企业的长期发展，招聘标准不能降低。

如何培养新员工?

亚马逊的新员工培养计划

通过面试后进入企业的新员工，该如何培养呢？IT企业经常采用的是“在岗培训”(On-the-Job Training)，就是让新人参与到实际业务中，学习工作所需的知识和技能。一般来说，在岗培训这个说法总给人一种消极的印象，就像在说因为你什么都不懂，就被扔到工作现场去锻炼。但是，没有在岗培训，何来锻炼?

亚马逊有一个被称为“推出计划”的新员工培养计划，是关于如何让新人获得成长并崭露头角的。该计划分别以7天、30天、60天、90天为期限，让新员工在不同期限内完成相应的任务。至于为什么以90天为上限，是因为亚马逊的试用期是 3 个月。

不会对新员工放任不管

例如，前 7 天的任务有“向一起工作的同事或与自己关系密切的其他部门同事一对一当面请教”“参加在线培训”等。

7 天的任务结束后，紧接着是 30 天的任务，内容是让新员工掌握工具的使用方法。这个任务结束后，接下来依次是 60 天及 90 天的任务，并慢慢提高难度。这些任务都不是很难，只要努力，谁都可以完成。

另外，在“推出计划”中，会给新员工配备叫作“导师”或者“搭档”的人来提供帮助。所谓导师就是前辈，又叫“斜上”位置的人，搭档就是与自己做同样工作的其他部门的同事。如果对工具的使用方法有不懂的地方可以咨询他们。这样一来，在新员工奔赴工作现场前，因为有了明确的目标和应对紧急情况可以与之商量的人，就不会产生被放任不管的不安。

本来“推出”这个词的意思是把服务或商品推到市面，新员工的培养计划用这个词来表示，可以说相当符合亚马逊的风格。不管怎么说，这个计划是由管理者制订的，不仅要花时间进行面试，招聘结束后，还要制订新员工的培养计划，这是相当辛苦的。特别是新业务招聘人员时，需要人数会大大增加，管理者此时几乎忙得不可开交。“录用培养，招聘培养”循环往复，这正是企业领导要做的工作。

让员工有担当意识

正如前一节所讲，亚马逊会让新员工参加“推出计划”。领导在检查这一培养计划开展是否顺利时，需要特别注意新员工在完成每一个任务时，有没有充分展现出担当意识。

如果发现新员工没有主动完成任务，就要提醒他：“这是自己的工作，主动去做才好。”虽然也有人经常会问：“我想做这个，可以吗？”但主动提出“我做那个也可以”，才是体现亚马逊担当意识的思考方式。

长期在亚马逊工作的人，往往只会用亚马逊的价值观来思考问题，而新员工却能从另一个视角发现问题。所以从这个点来看，问他们“怎么办才好呢”“有什么问题呢”正是培养他们担当意识的一种手段。

消除新员工的心理障碍

对于在以前的工作中取得过出色业绩的人来说，如何适应亚马逊的氛围是非常重要的事情。当然，在以前的企业采用不同的工作方式，本身并没什么问题，重要的是，需要让他知道，在亚马逊工作必须遵循领导力准则。如果不理解这一点，在行动管理等方面就有可能犯错。因此，首先要让他们了解亚马逊所看重的东西，也就是说，要把适应亚马逊的工作环境放在第一位。

但是，不仅是社会招聘的人，校园招聘的很多人也都带有执念。在这种情况下，要改变他们之前的习惯做法和对亚马逊的幻想等固有观念，让他们能够遵循领导力准则来行动。

例如，有人容易陷入只能在预算范围内做事的窠臼。当然，领导力准则中也有“远见卓识”这一方针，所以如何发挥出有限资源的最大作用非常重要。通过践行“远见卓识”方针，可能发现更多可用资源，找到更大的业务。比起囿于预算做事，执行深入准确思考的“决策正确”方针更加重要。

另外，零售出身的人容易出现的现象是“月末减少库存，使资产负债表看得过去”，但这么做，对客户没什么好处，违背了亚马逊“顾客至尚”方针。在这种情况下，为了让大家意识到“有时不能死守以往的固有观念”，领导必须给予帮助与支持。

制订并启动新员工培养计划，让新员工先熟悉企业的“风土人情”。

是否需要让员工接受同样的培训?

每个企业会以提高员工技能为目的，举行各种各样的培训。在亚马逊，有关英语、领导力的培训，是所有员工都要参加的。除此之外，还有一些针对重点培养的员工展开的培训。

日本的很多企业，要求员工接受同样的培训，但亚马逊不是这样。因为每个人需要的培训内容不一样。例如，进入公司高层的人，也有完全不会英语的。但是，职位高的人不会英语的话，就很难应对工作，因此对于这样的人，会在录用会议上做出诸如“为了让他在工作中大显身手，要让他参加英语特训”此类的培训安排。

太田也参加过培训。亚马逊会请来外部的专业人士，传授有关领导力的一些知识。从这个意义上来说，亚马逊培训的特征“有非常明确的目的”。

除了被指定的人，团队成员只要表明“为了工作想学什么”，并提出“想参加某个培训”的想法，亚马逊也会提供预算让他参加。这是因为，员工技能提升后，可以在团队内分享学到的东西，从而提高团队全体成员的技能。

另外，培训还有一个优点是，通过互相传授经验，建立企业内部的人际关系网。特别是在亚马逊，日本公司、美国总部以及其他国家的员工通过一起参加培训，建立一个海内外人际网络体系。这便是亚马逊的强大之处。

明确学习的目的，选择参加培训的人员。

强化管理的19种方法

为了培养出更强大的团队，这里再介绍 19 种管理方法。

Q 想启动一个新的项目时，该怎么做？

A 举行办公室外会议

首先，每个人在日常工作中要带着“我们的客户是谁”的意识，致力于改善业务。亚马逊经常采用离开办公室进行场外会议的方式来启动新项目。在办公室，员工的身心很难从日常业务中脱离出来，所以要去一些不同于平时的地方（比如酒店或租借的场所），用一两天的时间围绕一个主题进行深度讨论。这不仅容易带来新颖的想法，而且可以增强团队的凝聚力，是团队建设的最佳方法。

Q 除了工作，有没有贯彻行动原则的好方法?

A 尝试采用大家容易接受的别具一格的形式

亚马逊有一个全体员工参加的名为“全员顾问”(All Hands)的会议。这个会议会向全体员工报告企业季度业绩和今后发展方向等内容，员工可以自由提问。届时，也会针对亚马逊领导力准则中的某项内容进行深度探讨。如果其他企业也有全员大会的话，可以进行这样的安排。即使没有，也可以先在自己的团队尝试一下。把行动原则当成企业的工作口号，并在日常业务中加以实践，是非常重要的。

Q 开启新项目或新业务时，应该让员工专注于什么?

A 比起输出目标，更应该全力实现输入目标

虽然业务目标有输出目标和输入目标之分，但在开始新项目或新业务时，一定要全力实现输入目标。通过分析业务要素，聚焦输入目标，成果(销售额和利益)自然会实现。亚马逊有一个“7年规则”的做法，就是开始一个新业务的前7年，不管能否成

功，要先进行各种试错。在一般企业里，这样做可能有些困难，但开展大量的小测试，并从中积累数据，是任何一个企业都可以做到的，而这个积累将成为开启新业务的关键。

Q 什么方法能够激发员工自主创新的动力？

A 通过设立员工表彰制度推动创新

亚马逊有以“木门桌奖”“想到就做奖”为代表的数个员工表彰制度。这些表彰制度要求在全体员工面前公布获奖者的事迹详情。听了优秀事迹之后，其他员工会觉得这样的事情我也可以边学边做，于是带着这份责任意识，推进每天的工作。当然，表彰是一件令人高兴的事情，而作为领导，需要为员工创造一个可以努力去争取获奖提名的环境。如果争取企业层面的奖励有难度，可以先在团队内尝试设立奖项。

Q 如何高效检查员工的报告？

A 制作报告模板，提高工作效率

领导需要看多个报告时，如果每份报告的书写格式都不同，看起来会很累。这种情况一定要共享报告模板。

如果报告内容零乱或格式频繁变化，可能会导致某些细节被遗漏。若是大家使用统一的报告模板，工作就会变得容易。亚马逊经常共享模板并在这个基础上发明了有名的“6 页纸”，即将汇报内容整理在 6 张 A4 纸上。

Q 怎样才能提出更具创新性的想法？

A 积极举行容易产生想法的研讨会

亚马逊每年会举办一次叫作“创新峰会”的研讨会，不仅业务部门，非业务部门也要参加。全体参会人员拿出自己的商业计划，多部门人员临时组成一个团队，聚焦一个主题，推选出最优秀的商业计划。得到认可的商业计划有可能被纳入实际业务中。所以对员工来说，这次会议是学习如何创新思考方法的好机会。

Q 如果员工对领导给予的评价不满，怎么办？

A 客观评价员工的目标完成度，并以书面形式耐心解释

如果员工觉得没有得到恰当的评价，大多数情况下是因为该评价没有导入量化目标。量化目标是客观评价员工不可缺少的指标，所以必须在评价中体现出来。另外，也要将前面介绍过的

行动目标加入评价轴，与量化部分外的行动一并评价。最好是将企业提出的行动指南或规章制度作为评价的标准。如果没有这样的标准，团队也可以自己制定。然后，顺着评价轴明确地写下来为什么这样评价。在此基础上，还要花时间耐心解释，直到大家听懂为止。最后，再问问大家为什么对评价标准感到不满。

Q 员工想一个人处理纠纷的时候怎么办？

A 必要时让他向周围的人寻求帮助

员工之所以想一个人解决所有问题，是因为他对工作有担当意识。但是，当问题非常严重的时候，可能凭一己之力无法处理。所以，平时应该多告诉员工，不要自己一个人解决全部问题，有时也要寻求他人的帮助。因为工作时大家是一个整体。因此，要让员工明白，遇到自己一个人解决不了的事情时，要让领导或同事参与进来。

Q 员工不报告人际纠纷时怎么办？

A 制定“不管纠纷的大小都要报告”的制度

由个人独立推进的业务，一般不会出现什么大问题。即使发生问题，大多是人际纠纷。至于人际纠纷发展到了什么程度这一点，容易产生个人理解上的差异。实际上，即使面对困难，也有一定群体的人选择不向他人寻求帮助。为了让这样一群人能够在必要时主动寻求帮助，需要将相应的做法制度化。比如设定规则，当相关情况发生变化时，即使是琐碎的小事，也一定要给领导或同事发邮件等。

Q 如何落地团队成员的创意?

A 从企业使命与理念出发反向思考

要想把创意升华为更具体的东西，应该从使命与理念等企业的终极存在意义出发反向思考。比如，如果以提高客户体验为目标，就要不断深究这些问题：怎么才能实现此目标？→强化备货→怎么实现这一任务？→调查客户检索的商品品牌→确定品牌的优先级→为了开展与某品牌商品的合作而讨论该品牌的优点等。

Q 培训参加率低该怎么办?

A 培训组织者要明确培训的目的

如果员工的培训参加率很低，可能是因为员工没有明白为什么一定要参加培训。在这种情况下，培训组织者需要确定并告诉员工培训的目的，也就是希望培训后员工要掌握哪些技能。如果不能确定培训的目的，可以说根本没必要组织这次培训。另外，如果有必要组织培训，比如企业的合规性培训等，需要把某日之前实现全员参加培训这样的任务加入到领导的工作目标中。

Q 如果没有达到培训效果，怎么办？

A 全面开展培训后的跟踪分析

觉得培训没有效果的企业，很多是在培训后没有很好地进行跟踪分析。这同样适用于PDCA。也就是说，对员工培训也要全面进行评价，由此考虑培训没有效果的原因是什么以及怎么消除这些原因等。

Q 可以在聚餐时谈工作吗？

A 不在聚餐时谈工作

在企业宴会或款待员工的聚会上，容易发生谈论或安排工作的情况。亚马逊平时也有酒会，但基本上不谈工作，更不用说安排工作了。因为这有泄露企业机密的风险。另外，一边喝酒一边交谈，所说的话可能没有经过思考，或者很快就忘记说的是什么了。而且，在工作时间以外因工作的事情打扰员工，也是降低员工工作动力的一个原因。如果是员工主动来谈工作的话，可以另当别论。不过，重要的事情尽量在工作时间谈。

Q 会议没有紧张感怎么办?

A 要经常当作客户在听会议

一个不落地参加每一次会议的人像“空中客户”，是靠不住的。开会时要当作客户坐在那里听。在这种状态下进行讨论，便会使会议变得严肃，还可以经常意识到“顾客至尚”这一领导力准则，从而促进业务的开展。这时便不会有人说“从这个商品中能得到更多的利润吗”这样的话，而认为这是给客户提供真正有用的服务的宝贵机会。

Q 员工抱怨会议太多时怎么办?

A 减少会议次数，善于使用自由时间或工具

对于有些会议，员工会抱怨：“这个会议不知道什么目的，浪费了时间却什么决定都没做出。”亚马逊非常讨厌这样的无用会

议。如果仅仅是为了共享信息而一次次开会，还是减少会议次数吧。用邮件和通讯聊天等工具代替会议就可以了。如果有事情想向下属确认，没有必要让所有人都聚在一起，可以单独联系。另外，上级安排一个可以公开提问的时间段，是非常好的做法。

Q 如何让怯于在人前讲话的员工发言?

A 运用"改述""保留""站立"方法

企业里总有不擅长发言的员工。对于这种情况，"改述"（向不发言的员工征询意见，然后补充或者改述对方的话）、"保留"（为了让对方无所顾忌地发言，不要无视偏离主题的意见，并暂时记录下来）、"站立"（为了让大家冷静下来，可以站起来）等办法比较有效。

Q 因无人发言导致会议几乎停滞，怎么办?

A 减少参会人数

会议进行时，若出席者几乎都不发言，会导致会议进行不下去。出现这种情况可能是因为这个会议不需要太多人参加。虽说如此，但并不是参会人数少就好，而是应该确定真正需要参会的人数。减少参会人数后，还要制定参会者要踊跃发言的会议规则。在会议无法推进的情况下，立马结束会议也不失为一种解决方法。

Q 领导的意思不能很好地传达给员工，怎么办？

A 先谈结论，再谈理由

在邮件等平时的交流中，日本和欧美国家不同的一点是说话顺序。比如，欧美国家先说结论，而日本却相反。在日本，要等到谈话的最后，才能知道说话者想说什么。因此，当领导的意思不能很好地传达给员工的时候，请先说出结论，明确说话的要点，然后再阐述理由等零碎信息。

Q 疲于应对与其他部门的利益协调，怎么办？

A 重新思考应该为客户做什么

很多人感叹协调部门间的利害关系太累了。但是，协调这个说法本身就说明各个部门都以自己为中心，没有把客户的利益放在第一位。这种情况下，首先需要全体人员重新思考应该为客户做什么。

16条领导力准则

Our Leadership Principles

❶ “顾客至尚”（Customer Obsession）

领导者要以客户为起点来思考问题以及采取行动，要竭尽全力赢得并维持客户对亚马逊的信任。要关注竞争对手，但更重要的是坚持以客户为中心考虑问题。

❷ 主人翁精神（Ownership）

领导者需要有担当意识，要以长远的眼光思考问题，不能为了眼前的利益牺牲长远的价值。不仅为自己的团队奋斗，也为整个公司而奋斗。领导者决不能说：“那不是我的工作。”

❸ 创新简化（Invent and Simplify）

领导者要追求创新，不断探索使工作简化的方法。领导者要与时俱进，并从各处寻找新的想法，而不仅限于企业内部。当然，在开拓新业务的时候，也要接受可能被长期误解的事实。

❹ 决策正确（Are Right, A Lot）

领导者要做大量正确的决策。要具有强大的判断力和建立在经验之上的直觉。集思广益，并敢于挑战自己固有的观念。

❺ 好奇求知（Learn and Be Curious）

领导者不停止学习，不断进步。对新的可能性充满好奇心，并采取行动不断探索。

❻ 选贤育能（Hire and Develop the Best）

领导者要不断提升招聘和晋升的标准。善于发现优秀的人才，并为了整个团队的进步而发挥人才的作用。积极培养并认真指导下属，努力为下属创造出更好的职业发展平台。

❼ 最高标准（Insist on the Highest Standards）

领导者会一直追求高标准。不过，可能有很多人认为这些标准过高。领导者要不断提高标准，促使团队提供更高质量的产品、服务和流程。领导者不能推卸责任，要努力解决问题，并谋划改进策略，以防止同样的问题再次发生。

❽ 远见卓识（Think Big）

以狭隘的视野考虑问题，不会获得大成就。领导者要设立远大的方针与目标，并引导员工取得成功。领导者要为了服务客户，从全新的视角探索行动的所有可能性。

❾ 崇尚行动（Bias for Action）

速度是业务发展的重要因素。许多决定和行动都是可更改的，因此不必花太长时间进行大量的分析和讨论后再行动。我们更重视在深思熟虑之前进行冒险。

❿ 勤俭节约（Frugality）

领导者要争取少花钱多办事。有限的资源能够催生自立和创新。增加人力、预算以及固定支出，并不是好的做法。

⓫ 赢得信任（Earn Trust）

领导者要认真倾听，坦诚相待，尊重员工。领导者要敢于承认自己的错误，即便这样做会令自己难堪。并不认为自己或团队总是对的，要经常以最高标准要求自己及团队。

⓬ 刨根问底（Dive Deep）

领导者对各个层面的工作都要时刻了解细节，并经常进行检查。当数据和说法不一致时，要提出质疑。不存在不值得领导者关心的工作。

⑬ 敢于谏言，服从大局
（Have Backbone；Disagree and Commit）

领导者对不认同的决策，必须不失敬意地提出质疑，哪怕这么做会使自己陷入困境。领导者要有自己的信念，不轻易放弃。不会为了表面的和谐而轻易妥协。一旦做出决定，就会全力以赴。

⑭ 达成业绩（Deliver Results）

领导者会聚焦业务的关键环节，确保工作质量并及时完成。尽管遇到挫折，仍会迎难而上，决不妥协。

⑮ 致力于成为全球最佳雇主
（Strive to be Earth's Best Employer）

领导者每天都在努力为员工创造一个更安全、更有生产力、更高绩效、更多样化和更公正的工作环境。他们以同理心来引导员工，充分感受工作的乐趣，并帮助别人也享受工作的乐趣。

⑯ 成功和规模带来更大的责任
（Success and Scale Bring Broad Responsibility）

亚马逊从一个车库起步创业以来，已逐步发展壮大。现在已是有世界影响力的大企业，但它远非完美。企业的一举一动都会引人注目，所以必须谦虚谨慎。为了社会、地球和后代，需要亚马逊继续努力。

未来，属于终身学习者

我们正在亲历前所未有的变革——互联网改变了信息传递的方式，指数级技术快速发展并颠覆商业世界，人工智能正在侵占越来越多的人类领地。

面对这些变化，我们需要问自己：未来需要什么样的人才？

答案是，成为终身学习者。终身学习意味着具备全面的知识结构、强大的逻辑思考能力和敏锐的感知力。这是一套能够在不断变化中随时重建、更新认知体系的能力。阅读，无疑是帮助我们整合这些能力的最佳途径。

在充满不确定性的时代，答案并不总是简单地出现在书本之中。“读万卷书”不仅要亲自阅读、广泛阅读，也需要我们深入探索好书的内部世界，让知识不再局限于书本之中。

湛庐阅读 App：与最聪明的人共同进化

我们现在推出全新的湛庐阅读 App，它将成为您在书本之外，践行终身学习的场所。

- 不用考虑“读什么”。这里汇集了湛庐所有纸质书、电子书、有声书和各种阅读服务。
- 可以学习“怎么读”。我们提供包括课程、精读班和讲书在内的全方位阅读解决方案。
- 谁来领读？您能最先了解到作者、译者、专家等大咖的前沿洞见，他们是高质量思想的源泉。
- 与谁共读？您将加入到优秀的读者和终身学习者的行列，他们对阅读和学习具有持久的热情和源源不断的动力。

在湛庐阅读 App 首页，编辑为您精选了经典书目和优质音视频内容，每天早、中、晚更新，满足您不间断的阅读需求。

【特别专题】【主题书单】【人物特写】等原创专栏，提供专业、深度的解读和选书参考，回应社会议题，是您了解湛庐近千位重要作者思想的独家渠道。

在每本图书的详情页，您将通过深度导读栏目【专家视点】【深度访谈】和【书评】读懂、读透一本好书。

通过这个不设限的学习平台，您在任何时间、任何地点都能获得有价值的思想，并通过阅读实现终身学习。我们邀您共建一个与最聪明的人共同进化的社区，使其成为先进思想交汇的聚集地，这正是我们的使命和价值所在。

CHEERS

湛庐阅读 App
使用指南

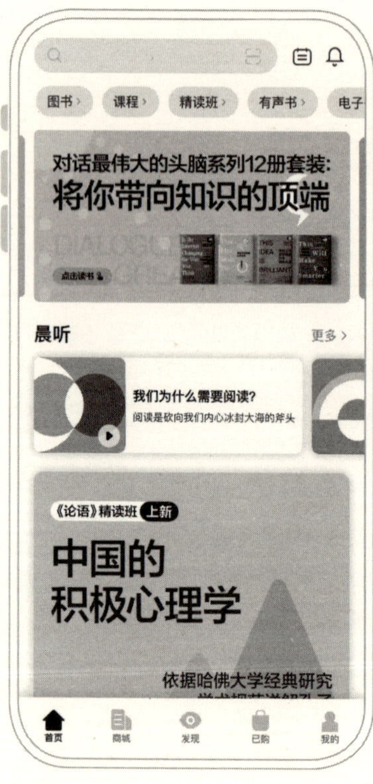

读什么

- 纸质书
- 电子书
- 有声书

怎么读

- 课程
- 精读班
- 讲书
- 测一测
- 参考文献
- 图片资料

与谁共读

- 主题书单
- 特别专题
- 人物特写
- 日更专栏
- 编辑推荐

谁来领读

- 专家视点
- 深度访谈
- 书评
- 精彩视频

图书在版编目（CIP）数据

浙江省版权局
著作权合同登记号
图字:11-2023-314号

亚马逊成果达成法 /（日）太田理加，（日）小西美沙绪著 ；段毅琳译. -- 杭州 ：浙江教育出版社，2023.8

ISBN 978-7-5722-6360-6

Ⅰ. ①亚… Ⅱ. ①太… ②小… ③段… Ⅲ. ①电子商务－商业企业管理－经验－美国 Ⅳ. ①F737.124.6

中国国家版本馆CIP数据核字(2023)第148268号

上架指导：商业新知

亚马逊成果达成法
YAMAXUN CHENGGUO DACHENGFA

[日] 太田理加 小西美沙绪 著
段毅琳 译

责任编辑： 傅 越
美术编辑： 韩 波
责任校对： 余理阳
责任印务： 陈 沁
封面设计： ablackcover.com

出版发行： 浙江教育出版社（杭州市天目山路 40 号）
印　　刷： 唐山富达印务有限公司
开　　本： 880mm ×1230mm 1/32
印　　张： 7.5　　**字　　数：** 110 千字
版　　次： 2023 年 8 月第 1 版　　**印　　次：** 2023 年 8 月第 1 次印刷
书　　号： ISBN 978-7-5722-6360-6　　**定　　价：** 79.90 元

如发现印装质量问题，影响阅读，请致电 010-56676359 联系调换。